「極化」現象と
報道の倫理学的研究

編著
上村崇・塚本晴二朗
著
栗山雅俊・笹田佳宏・茨木正治

印刷学会出版部

本書は「科学研究費助成事業：『偏向報道・極化』問題における実証的研究と倫理学的研究の統合的把握（研究種目：挑戦的萌芽研究　研究番号：15K12812：2015 年 4 月 1 日～ 2018 年 3 月 31 日）」の成果物である。

はじめに

「ジャーナリズムの倫理学で共同研究やりましょうよ」
「塚本先生は、『極化』にご関心はありませんか」

　栗山雅俊さんから共同研究のご提案をいただいて、何日もしないうちに、茨木正治先生から極化現象に関する共同研究のお誘いを受けた。栗山さんは、客観報道の倫理学的研究が専門である。彼を中心にやるとすれば、「客観報道とジャーナリストの専門職倫理」というようなテーマが浮かんだ。一方、茨木先生との共同研究であれば、私が担当するのは、「極化と報道の倫理」というようなテーマになるのだろう。そんなことを別々の研究として考えているうちに、「待てよ」と思った。両者のご提案を、一つの共同研究にすればいいのではないか、ということに気がついたのである。

　2014年10月4日の一橋大学での日本倫理学会の際、ご両者をお引き合わせした。格好の「良縁」であった。その後、栗山さんがお膳立てに奔走してくれたおかげで、「科学研究費助成事業：『偏向報道・極化』問題における実証的研究と倫理学的研究の統合的把握」（研究代表者：上村崇）が、2015年度より始まった。本書はその成果物である。

　第1章は「新たな報道倫理の視座を求めて —— 科研「偏向報道・極化」問題における実証的研究と倫理学的研究の統合的把握の軌跡 ——」として、本書にまとめたこの共同研究の問題意識と第2章以降の展開に関して言及した。

　第2章は「客観報道「批判」再考 —— 偏向・極化問題を契機として ——」として、本書の基本となる客観報道に関する議論を整理した。

　第3章は「『極化』現象とジャーナリズムの倫理 —— ヘイト・スピーチを手がかりとして ——」として、倫理的な報道が事実をありのまま伝える報道であると

するならば、その事実自体が偏向している場合は、どのように伝えるべきなのか、という問題を考察した。

第4章は「極化報道の実証研究（マクロ）――日本人の韓国に対する評価・感情変化に関する仮説――」として、「嫌韓」を対象とし日本人の韓国に対する感情に影響を与えているものを、統計資料等から分析した。

第5章は、「極化報道の実証研究（ミクロ）――2017年8・9月の日韓報道の極化――」として、2012年の竹島・尖閣諸島をめぐる「領土問題」報道に「極化」がみられたかどうかを実証しようとした。

本研究の成果を踏まえ、目下同じメンバーで科研の基礎研究（C）「極化現象の分析と『ポスト・トゥルース』時代の倫理学的視座の探求」（研究代表者：塚本晴二朗）を行っている。心残りなのは、このように発展性のある研究のきっかけを作ってくれた栗山さんが、昨年4月に他界されたことである。栗山さんから共同研究のご提案が来てから5年近くが過ぎようとしている。彼が道筋をつけてくれたがゆえに、本書が刊行でき、現在の研究に繋がっているのである。この場を借りて栗山さんに心から感謝し、本書を捧げたいと思う。

最後に、本書の刊行を快く引き受けてくださった印刷学会出版部の中村幹社長、編集をご担当いただいた石沢岳彦氏に衷心より感謝申し上げる。

2018年9月

塚本晴二朗

目次

はじめに………………………………………………………………… i

第1章
新たな報道倫理の視座を求めて　　1
　　──科研「偏向報道・極化」問題における実証的研究と倫理学的研究の統合的把握の軌跡

1.1　はじめに ──客観報道と偏向報道 ………………………………… 1
1.2　客観報道は成立可能か？ ──「客観報道」の錯誤 ………………… 2
1.3　客観報道の限界性と報道倫理 ……………………………………… 4
1.4　偏向報道の分析と新たな報道倫理の視座 ………………………… 7

第2章
客観報道「批判」再考 ──偏向・極化問題を契機として　　9

2.1　はじめに ……………………………………………………………… 9
2.2　「偏向」「極化」と客観報道の問題圏 ……………………………… 10
2.3　客観報道成立の背景 ──プレスの社会的責任論 ………………… 12
2.4　客観報道批判 ………………………………………………………… 13
　　〔1〕客観報道「到達不可能」論（リップマンの懐疑）　 *13*
　　〔2〕「作られた客観報道」論　 *14*
　　〔3〕「見せかけの客観性」論（時のオーソリティの代弁者としての）　 *16*
　　〔4〕「客観性はそもそも存在しない」（プラグマティストの客観報道批判）　 *16*

2.5 客観報道批判への反批判 ································· 18
　　〔1〕報道における客観性は、少なくとも部分的には到達可能である　*18*
　　〔2〕「作られた客観性」もまた、評価可能である　*20*
　　〔3〕「見せかけの客観性」は、その客観性が評価されるべきである　*21*
　　〔4〕プラグマティズムと客観性は、両立可能である　*22*
2.6 客観報道理論は「偏向・極化問題」に対応することが可能か ── 残された課題　23
　　参考文献 ································· 25

第3章
「極化」現象とジャーナリズムの倫理　27
―― ヘイト・スピーチを手がかりとして ――

3.1 国連人種差別撤廃委員会とヘイト・スピーチの法規制 ··············· 28
3.2 ヘイト・スピーチと倫理学理論 ································· 33
3.3 ヘイト・スピーチ報道のジレンマ ································· 48
3.4 コミュニタリアン・ジャーナリズムのアプローチ ··············· 50
3.5 おわりに ································· 56
　　注 ································· 58

第4章
「極化」報道の実証研究（マクロ）　63
―― 日本人の韓国に対する評価・感情変化に関する仮説 ――

4.1 はじめに ································· 63
4.2 仮定の設定 ································· 64
　　〔1〕新聞の報道は「客観的」か？　*64*
　　〔2〕受け手は新聞報道を客観的と受け止めているか？　*66*

4.3	他国とは、異なる日本人の韓国に対する評価・感情の変化	68
4.4	日韓関係は「良好」であり「親しみを感じる」が高くなった年の動向	71
	〔1〕1988 年	*71*
	〔2〕2002 年、2003 年	*73*
	〔3〕2009 年	*76*
4.5	日韓関係は「良好」でなく「親しみを感じない」が高くなった年の動向	78
	〔1〕1996 年	*78*
	〔2〕2006 年	*79*
	〔3〕2012 年	*80*
4.6	日本人の韓国との関係や親近感に関する仮説	81
	文献	82

第5章
「極化」報道の実証研究（ミクロ）　　83
―― 2017 年 8・9 月の日韓報道の極化 ――

5.1	問題の所在	83
5.2	極化の理論的背景	84
	〔1〕理論的背景	*84*
	（a）社会心理学	
	（b）マス・コミュニケーション論、メディア・コミュニケーション論	
	〔2〕理論の展開：フレーム・フレーミングの視点	*89*
	（a）フレーム・フレーミング研究	
	（b）議題設定研究がもたらすもの	
	1. 議題設定機能研究の展開	
	2. 竹下の試み	
5.2	2017 年 8・9 月の日韓報道の極化 ―― 領土問題を中心に	93
	〔1〕問題の所在と分析枠組み	*93*
	〔2〕方法	*96*
	（a）操作的定義の構築	

             (b) 内容分析の方法
                1. 分析テーマ・仮説の構築・分析対象
                2. 分析単位とカテゴリーの決定
                     a. 嫌悪表現の確定
                     b. 嫌悪表現記事の相互関係
                     c. 問題状況フレームの利用
          〔3〕結果　　　　　　　　　　　　　　　　　　　　　　　　　　*99*
             (a) 嫌悪感情頻度に見る「極化」現象
             (b) 問題状況フレームにみる極化現象
          〔4〕考察　　　　　　　　　　　　　　　　　　　　　　　　　　*107*
             (a) 嫌悪感情頻度に見る「極化」現象
             (b) 問題状況フレームにみる「極化」現象
             (c) 嫌悪感情と問題状況フレームにみる「極化」現象
          〔5〕結論・課題　　　　　　　　　　　　　　　　　　　　　　　*110*
   5.3　結論と課題……………………………………………………………… 111
       引用・参考文献 ………………………………………………………… 113

おわりに ………………………………………………………………………… 117

編著者紹介 ……………………………………………………………………… 119

執筆担当（五十音順）

茨木　正治	［第 5 章］
上村　崇	［第 1 章・おわりに］
栗山　雅俊	［第 2 章］
笹田　佳宏	［第 4 章］
塚本　晴二朗	［はじめに・第 3 章］

第1章

新たな報道倫理の視座を求めて

科研「偏向報道・極化」問題における実証的研究と倫理学的研究の統合的把握の軌跡

1.1 はじめに —— 客観報道と偏向報道

　近年、報道における客観性と偏向・極化の問題は、メディアや世論において盛んに議論されるようになってきている。アメリカのFOXテレビによるあからさまな共和党支持表明の問題や、日本の主要紙における改憲論議や集団的自衛権などの政策提言に関する「極化」傾向など、偏向・極化の問題は「メディアの公共性」という報道の本質を問い直す課題として注目されている。こうした現象は、これまで報道の「スタンダード」と考えられていた中立・公正・真実を追求する「客観報道」の原則からみると、明らかに問題であり、報道倫理の崩壊とも捉えられかねない。しかし、事態はそう単純ではない。そもそも「客観報道」とは何だろうか。ある現象を報道したときに、「公平性が保たれていない」と客観性の欠如が問題視されたりする。このような報道は「偏向報道」と批判されることもある。それでは賛成意見と反対意見の両論を併記すれば報道の客観性は保たれるのだろうか。そうとも言い難い。客観報道と偏向報道の詳細な分析が、現在求められている。

本章ではまず、「客観報道は成立可能か」という問いから、「客観報道」を規定するうえで一つの錯誤があることを指摘する。この錯誤は、客観報道の「規範認識」と「事実認識」の混同に起因する。つぎに報道の「客観性」と「主観性」を「規範認識」と「事実認識」の区分に重ね合わせて分析する。ここで事実を報道する客観報道の限界を確定するとともに、報道の偏向性を是認する必要性があることを指摘する。さらに、嫌韓報道の事例から偏向報道を分析することにより、これからの報道倫理の可能性について提示する。なお、本章は科研「「偏向報道・極化」問題における実証的研究と倫理学的研究の統合的把握」（研究種目：挑戦的萌芽研究　研究番号：15K12812：2015年4月1日〜2018年3月31日）の成果を概観するものである。議論の詳細については次章以降に譲る。

1.2　客観報道は成立可能か？ ──「客観報道」の錯誤

　客観報道は、中立・公正・真実を追求するという報道倫理の中核をなすものとして考えられてきた。客観報道の構成要件は下記の7つに整理できる。[1]

① 真実性：真実を伝達するか否かの基準。
② 関連性：社会で問題になっている複数のニュースを関連づけるための基準。
③ 均衡性／非党派性：異なった主張を持つ集団を報じる量、それぞれの集団の主張を報道したか否か、報道した場合には肯定的に報道したか否か、といった基準。
④ 中立な表現：取材対象への同調・拒絶しているかどうか。事実報道に関する基準。

---

[1] 以下の客観報道に関する議論は、中正樹著『「客観報道」とは何か ─戦後ジャーナリズム研究と客観報道論争』新泉社（2006）に依拠している。

⑤ 一般性：読者にとって最も価値のあるニュースを判定する基準。
⑥ 反映性：ニュース鏡像説を背景とする基準。鏡のようにそのまま事実を映すこと。
⑦ 没主観性：報道主体の価値観、主観が介在しているかいなかという基準。

　客観報道の理念は、連合国軍最高司令官総司令部（GHQ）による新聞などの報道機関を統制する規則（プレスコード）と同時に日本に導入された。GHQにはプレスコードにより報道内容を検閲するとともに客観報道の原則を徹底することで、戦争を称揚してきた国家の機関誌としての新聞を解体し、民主的な報道を確立する狙いがあった。1940年代から50年代にはジャーナリズム論が活発化する。そこでは、報道活動による民主化と自由化という啓蒙的な性格が強調され、報道主体は読者のニーズに即応する一般性（客観性）を保持し、「中立的な表現」により真実を伝えることが要請されるようになった。この客観報道の理念は日本で浸透していく。その要因としては、客観報道の理念がジャーナリズムの最適原則であることに加えて、中立な姿勢を保持することでメディアが大勢の読者を獲得できるというコマーシャリズムの最適原則でもあること、さらに「客観的事実」を報道しているに過ぎないという理由で報道主体の責任回避が容易であることなどが挙げられる。しかし客観報道に対する批判も当時から存在した。その論拠は、事実を報道する主体の「没主観性」を保持することがそもそも不可能であるため「客観報道」は実践不可能であるという認識論的な批判や、ジャーナリストは客観性を記述することではなく、真実に肉薄しようとする努力と態度が要請されるものであるという倫理的な批判である。

　客観報道の理念はジャーナリズム論と融合することにより、報道倫理の基盤となった。客観報道には上でみた認識論的、倫理的批判があるが、客観報道の本質的な問題は別にある。それは、そもそも「客観報道」とは報道が目指すべき理想であり規範である（規範認識）にもかかわらず、「客観報道」という報道形式が現

実に存在する（事実認識）と錯覚してしまうことである。つまり規範認識を事実認識と錯誤することに客観報道の問題がある。理念としての「客観報道」はジャーナリズムの原則とされてきた。しかし、その実践は没主観性の保持が不可能であるという客観報道批判からもわかるように現実には完全に実現することはできない。実際には「客観報道を実施している」という形式で形骸化した客観報道が実施されており、その「形骸化した客観報道」がジャーナリズムの課題として指摘される。この問題を解決するためには「本当の客観報道」を実践するほかないが、客観報道自体が理念的な目標であるため、完全なかたちで客観報道を遂行することは不可能なのである。

　「客観報道」は形骸化された形式でしか客観報道が実施されていないと批判される。「主観報道」は偏向報道である（客観的な報道ではない）と批判される。しかし、いずれも現実には存在しない「客観報道」を「形骸化した客観報道」としてなんとか成立させて、あたかもそれが本当の「客観報道」の基準であるという想定のもとに、現実の報道を批判しているに過ぎない。それゆえ「客観報道」の遂行を論拠に、「客観報道」対「主観報道」、あるいは「客観報道」対「偏向報道」という図式に従って報道倫理を構築することは避けねばならない。それでは「客観報道」を論拠としない報道倫理はいかにして可能であろうか。

1.3　客観報道の限界性と報道倫理

　客観報道の限界性は二つに整理できる。一つは事実認識に起因する限界であり、もう一つは規範認識に起因する限界である。事実認識に起因する限界とは、そもそも客観的な認識自体が不可能であるということである。規範認識に起因する限界はもう少し複雑である。まず事実認識に起因する限界を了解していない。その上で、「客観報道」対「主観報道」、あるいは「客観報道」対「偏向報道」という

対立図式から報道倫理を構築しようと試みる。しかし、それは規範認識を事実認識と錯誤することに基づいているため、効果的な規範理論とならないという限界である。そこで、事実認識と規範認識の区別を整理することで、報道倫理の視座を探ることにしよう。

事実認識は、事実を正確に記述することが求められており、その思考形式は科学的思考（事実判断）とも呼ばれる。事実判断は、「〜である」という表現形式をとり、真偽を評価する客観的な視点を採用する。この事実認識は、世界を正確に理解するために重要な認識である。規範認識は、倫理的価値を表明することが求められており、その思考形式は倫理的思考とも呼ばれる。価値判断は、「〜は善い／悪い」、「〜は正しい／不正だ」、「〜すべきだ／〜すべきでない」という表現形式をとり、価値判断の主張が受容可能か否かという観点からその主張の正当性を判定する他者の視点が採用される。この規範認識は、世界をよいものにつくりかえるために重要な認識である。

表 1.1

認識	事実	規範
思考	科学的思考（事実判断）	倫理的思考（価値判断）
内容	事実を正確に記述	倫理的価値観の表明
表現	〜である	〜は善い / 正しい / すべきだ 〜は悪い / 不正だ / すべきではない
評価	真偽を確認（客観的な視点）	善悪・正邪の判断（他者の視点）
効果	世界を正確に理解する	世界をよいものへとつくりかえる

具体的な例を挙げて説明してみよう。「この講義の受講者は50人である」という主張は事実判断であり、真偽を確定するには受講者の人数を数えればよい。そのことにより講義の受講者数を正確に理解することができる。それに対して「学生は勉強すべきだ」という主張は価値判断であり、学生が勉強することが「世界

をよいものへとつくりかえる」ことに貢献するかどうかが議論されなくてはならない。ここで注意しなくてはならないのは、「学生は勉強すべきだ」という価値判断の主張（規範認識）においては、「実際に学生が勉強しているかどうか」という事実判断（事実認識）は問題にならないということである。たとえ一人も勉強している学生がいなくても、「学生は勉強すべきだ」という主張の正当性が認められれば、その規範の主張には意味がある。逆に勉強をしている学生を確認できたからといって、「学生は勉強すべきだ」という価値判断の内容が完全に実現しているかどうかは疑わしい。一生懸命勉強をしている学生はたくさんいても、その勉強の取り組み方は多種多様である。ある学生を取り上げて「この学生の勉強の仕方が本当の勉強の仕方だ」と確定することは難しい。また、「勉強すべきだ」という規範に従って勉強するふりをしているだけで、実際には勉強する意欲もない学生でも、「よく勉強している」ように外からは映るかもしれない。しかしこのような学生は勉強しているふりがばれてしまうと、「勉強しているふりをしているだけだ」と批判されることになるだろう。

　客観報道においても「客観報道は正しい」という価値判断（規範認識）と「この報道は客観的である」という事実判断（事実認識）は区別して検討されなくてはならない。実際に「客観的である報道」からといって、すぐさまそれが「正しい報道」であるかどうかは検討の余地がある。また「主観的である報道」がすぐさま「不正な報道」であるともいえない。たしかに「客観報道は正しい」という価値判断（規範認識）が妥当なものとして受け入れられるのであれば、「客観的な報道」＝「正しい報道」となる。しかし「報道」の内容を検討してみると「客観報道は正しい」という価値判断は必ずしも万全とはいえない。規範認識を事実認識で評価するのではなく、規範認識の領域で報道倫理を構築することが目指されなくてはならない。

　報道は「事実」と「意見」という要素から、①「事実」を「事実」として報道すること　②「事実」に対する「意見」を報道すること　③「意見」に対する「意

見」を報道すること、という3つに区分することができる。客観報道を基盤とした報道倫理は、①「事実」を「事実」として報道することのみに焦点を当てている。社会の事実をありのままの事実として人々に知らせることで人々の「知る権利」を保障することが、客観報道を基盤とした報道倫理の骨子である。しかし、②・③の報道は、意見と関わっており、なんらかの立場や価値観に関わることから免れ得ない。そして、こうした立場や価値観との関わりを回避しようと両論併記や簡単な事実だけの報道をすると、逆に「形骸化した客観報道」という批判を被ることになる。さらに、①の「事実の記述」=「報道」も、ありのままに事実を報道するということは困難を極める。報道倫理を構築するためには、偏向報道を許容する必要がある。

1.4 偏向報道の分析と新たな報道倫理の視座

　偏向報道に基づいた報道倫理の構築はどのような方向で進められるべきであろうか。科研のメディア研究グループは、偏向報道の現状把握と分析に取り組んだ。具体的には、韓国、ロシア、中国、アメリカに対して日本の人々が抱く感情について分析するとともに、嫌韓報道について、週刊誌と新聞記事から肯定的語句と否定的語句を抽出して一定期間の分析を実施した。

　日本の人々がロシア、中国、アメリカに抱く感情について、昭和53年から平成26年の内閣府の調査結果をみると、ロシアに対しては一貫して否定的感情を抱いているが、アメリカに対しては一貫して肯定的感情を抱いていることがわかった。中国は、平成15年を期に否定的感情が肯定的感情を上回っている。しかし、韓国は親韓と嫌韓がその年に起こる政治的事件や文化現象に影響して変化するという特殊な結果が認められた。

　嫌韓報道の分析については調査期間全体を通じて嫌悪度の上昇や嫌悪得点の高

さに偏向はみられなかったものの、特定時期の特定週刊誌の偏向は認められた。さらに、特定事象の報道に関して、新聞よりも週刊誌の報道が当該事象に対して極端な表現が顕出することが明らかになった。しかし、新聞報道にも若干の嫌悪度の高い表現が見られたことから、新聞報道も客観性を保持しているとは言い難いことが示された。

　以上の偏向報道の分析からどのような報道倫理の視座が提示できるであろうか。事象の情報を適切に伝えるという観点から「報道の客観性」は保持されなくてはならないかもしれないが、あらゆる報道を「客観性」対「偏向性」という枠組みで評価することは問題である。むしろ意見の表明という意味での「偏向」を積極的に認めることが必要である。情報を発信する報道主体には、社会事象を各自の明確な論拠に基づいて整理し、発信する態度が求められる。しかし、フェイク・ニュースという言葉が話題となる昨今、明確な論拠が欠落しているだけではなく、「事実」であるかどうかすら問題としない情動的・煽情的な発言や意見が情報として流通している。インターネットなどを利用して誰もが情報の発信者になることができる現代において、情報の偏向性を容認することは、真偽も善悪・正邪も問われない情動的な発言のアリーナとして報道活動を捉えることになるかもしれない。さらに、マスメディアからインターネット、ミニコミ誌などのコミュニティメディアまで報道活動の裾野はこれまで以上に広がってきている。報道活動のアリーナで「善・悪」、「正・邪」を取り戻すためには、その報道コミュニティが社会事象をどのように捉えているのか、その報道コミュニティから伝えるべき価値ある情報とはなにか、その報道コミュニティは他のコミュニティとどのように関わっていくのか、といった問いをコミュニティごとで問い直し、コミュニティの価値を探求し、「善・悪」、「正・邪」の基準を形成していくことが必要である。このコミュニティを基盤とした徳倫理学的なアプローチからジャーナリズム倫理を構築することが、客観報道やフェイク・ニュースに対抗する報道倫理の可能性を開くであろう。

第2章

客観報道「批判」再考
—— 偏向・極化問題を契機として ——

2.1 はじめに

「客観報道」とは、英米圏、特にアメリカの新聞・テレビなどの報道と、戦後の日本においてジャーナリズムの規範ないし方法論として、幅広く認知されてきた原則である。客観報道の定義は、事実（ニュース報道）と意見（社説や論説など）を峻別し(Hutchins 1947: 22)、ニュース報道については事実に基づく、中立、公平、不偏不党の立場を貫くべき(McQuail 2000: 173, 大石2005: 84-86)、というものであり、現代の日米（場合によっては英豪なども含む）ジャーナリズムにおいては、これに即した報道がなされていると考えられている。しかしながら、昨今「偏向・極化問題」と名指されるように、ある特定の立場にあからさまな支持を表明する（または非難する）メディアが登場することによって、「客観報道の原則」は、現在大きな試練に立たされていると言える。例えば最近のアメリカでは「共和党支持」のFOXテレビに加えて「民主党支持」のMSNBCが登場し、相互に他をなじり合うという事態が生じ、その状況をニューヨークタイムスが「双子の悪魔」と酷評することにもなった(nytimes.com 2012)。日本においては、大手新聞が「「朝日、毎

日、東京新聞」と「読売、産経、日経新聞」がそれぞれグループを形成し、（中略）双方が意見を一方的に主張するだけで終わ」る^(徳山 2013: 251)というように、新聞の「二極化現象」が起こっていると言われる。これらの事態は、いわばメディアの「公共性の崩壊」^(茨木 2014: 2)であるとも指摘され、従来の客観報道の原則を揺るがすものであるが、では「偏向・極化」はなぜいけないのか、または、どのような立場が中立・公平であるのかについて、これまで明確な判断基準がなく、また現時点では何らか効果的な対応策があるとは言い難い。また、このことは、そもそも「報道の客観性」は実現可能なのか、または実現できるとしてもどのような報道が「客観的」であると言えるのか、という根本的な問題提起を孕むことになる。

　本論考では、これまでの客観報道ないし、客観報道批判の歴史を概観し、またそれらに対し考察を加えることによって、客観報道理念が「偏向・極化問題」に耐性があるのか、またどのような仕方で問題に対応していくべきかについて、議論の方向性の素描を試みたい。

2.2　「偏向」「極化」と客観報道の問題圏

　冒頭で述べたように、1910年代以降のアメリカ（アメリカ新聞編集者協会（ASNE）の Canons of Journalism 1923 を参照）、また日本では特に1946年の「新聞倫理綱領」以来、事実の報道、中立公正な立場を標榜する「客観報道の原則」が正しいメディアのあり方であるとされ、各メディアも各社の倫理綱領にて同様の趣旨を謳っている場合も多い。この観点からいけば、偏向や極化は当然批判の対象になるだろうと考えられる。公益財団法人・新聞通信調査会の調査でも、新聞の信頼度を高く評価する理由は「情報が正確だから」が35.4%で一番多く、また新聞の政治的立場については「独自色」支持が13.3%なのに対し、「不

偏不党」を貫くべきという意見が 66.9% と、読者の立場からも報道の正確さ、中立公正さ（不偏不党）、つまり客観報道を期待する声が強いことが分かる（新聞通信調査会 2015）。

　しかしながら、上記のことは必ずしもメディアが政治その他に関する意見、あるいは「独自性」を持つことを排除するわけではない。また、そもそもなぜ「偏向・極化」がいけないのか、という問いに対する説明がなされているわけでもない。客観報道が「一つの」立場を標榜するものではあっても、そこからそれ以外の立場が取り得ないことを帰結するわけではないからである。報道の偏向・極化問題については、実際にその立場を取るかどうかはともかく、理念形としては以下のような区別が考えられる。

　① 報道の正確さや中立的立場（つまり客観報道）を前提とする立場から
　　　　　　——＞　事実が大事（偏向はよくない）
　② 報道の中立性を前提せず、報道の相対性を認める立場から
　　　　　　——＞　意見の多様性が大事
　③ 大手メディア全体の偏向を危惧する立場から
　　　　　　——＞　少数派からの批判
　④ 報道の偏向・極化を積極的に認める立場から
　　　　　　——＞　偏向で何が悪い？

　上記のうち、①が客観報道の立場であるが、②〜④の立場も「理論上は」取り得ると考えられる。特に、特定政党支持を掲げる米 FOX テレビや MSNBC は②ないし④の立場を取っていると捉えることも出来、これらのメディアをあからさまに否定することはそもそも可能なのか、何らか偏向是正のための措置を取ることが出来る（あるいは望ましい）のか、という問題がある。また③の立場からいわゆる大手メディアの客観報道自体に疑いを向けることも可能である。現代にお

いて「偏向・極化問題」が何らか問題的状況であるとすれば、それに対してどのような有効的な批判ないし解決方法があるのかを、考えていく必要がある。そのためには、そもそも「客観報道」とは何か、この理念がどのように成立し、またどのように批判されてきたのかを見ていく必要がある。

2.3 客観報道成立の背景 —— プレスの社会的責任論

　客観報道のスタイルが、事実としていつ誕生したかは「AP起源説」、「ペニープレス起源説」などいくつかの異論があるが(大井1999: 13-22)、客観報道が「規範として」確立した経緯は、通説では以下のように考えられている。20世紀初頭アメリカでは「イエロージャーナリズム問題」、ないし第一次大戦における「戦争プロパガンダ」報道など、メディアが少数者の手に集中し、一般市民を煽ってある特定の意見へ誘導するような事態が生じた(Schudson 1978: 61-64, 141-142)。いわゆる「思想の自由市場論」として知られる、意見の「自動調整作用」（ミルトン）によって自ずと真理が導かれるという思想は、大きな見直しを迫られることになる(Peterson 1956: 81-87)。このような背景の中で、1923年にアメリカ新聞編集者協会（ASNE）が倫理綱領（Canons of Journalism）を作成し、その中で「事実性」「公正さ」などの客観報道原則が示された(ASNE 1923)。これは後のプレスの自由委員会（ハッチンス委員会）によって「メディアの社会的責任論」として結集し(Hutchins 1947: 21-29)、以降アメリカのジャーナリズムを規定する「倫理規範」ないし「方法論」として広く認知されることになったのである。

　プレスの自由委員会（ハッチンス委員会）は、(1)プレスは「その日の出来事についての、真実で、総合的で、理知的な記事を、それらの出来事のいみが分かるような文脈で」報道する、(2)プレスは「説明と批判の交流の場」として奉仕すべき、(3)プレスは「社会を構成している各集団の代表像」を映し出すこと、

（4）プレスは「社会の目標や価値を提出し、明らかにする」責任を負う、（5）プレスは「現代の情報に接近する十分な機会」を提供する、という、「プレスの社会的責任論」を唱えた(Hutchins 1947: 21-29, Peterson 1956: 87-92)。プレスの社会的責任論は、その後既存のニュースメディアによって、暗示的にではあるが広く受容されることになり(Iggers 1999: 68)、また日本においても「いまだに多くの影響を与え続けている」(大石 2005: 83, 塚本 2010: 8)と言われている。

2.4 客観報道批判

しかしながら、この客観報道理論には当初から強い批判があった。本節では様々な客観報道批判のうち、主な四つの説を概観し、さらに次節ではこれらに対してどのような反批判の可能性があるかを検討する。これらの伝統的な批判に応えていくことで、現今の「偏向・極化問題」への対応の可能性を示唆できると考えるからである。

[1] 客観報道「到達不可能」論（リップマンの懐疑）

客観報道理論について、「最も賢く力強い提唱者」(Schudson 1978: 151)として、必ずと言っていいほど言及されるリップマンは、驚くことに、現代の客観報道に関する文脈において、例外者の扱いをされている。というのは、「ニュースと真実は同一のものではない、それははっきり区別されるべきものである」(Lippmann 1922[1965]: 224)というように、リップマンはジャーナリストが容易に事実＝真実に到達できるとは考えていなかったことによる。リップマンによれば、現代のように高度に複雑化した社会において、われわれが問題にすべき世界は、「手の届かず、見ることも心に描くことも出来ない」[18]。また「世論についての専門家はいない」[76]ため、たとえ学者によって描かれた社会モデルもまた「純粋なフィ

クション」(77)なのである。人が生の出来事と思って語った説明も、往々にして「出来事の変形」(54)に過ぎない。それゆえ人々は事実そのものよりはむしろ事実に関するかれらの「ステレオタイプ」(56)を見るのである。このことは、ジャーナリストにとっても全く同じである。彼らは「世界中の全ての出来事の証人にはなりえない」(214)し、またかれらの伝えた報道が正確であるかを「検証する手段もない」(227)。従って、ジャーナリストが出来る、せめてものことは、「われわれの意見を形成する拠り所となる「真実」が不確実な性質であることを世に知らせる」(227-228)ことである。新聞は「これまで民主主義理論が見なしてきたものよりずっと危うい存在」(228)であるので、人々が新聞に「人々の全公的生活を翻訳する義務を負わせたとしても、……それは失敗に終わるし、また失敗に終わる運命なのである」(同)。

では客観報道の主導者であったリップマンは、いったいどのように報道の客観性を実現するつもりであったのか。これはマイケル・シュッドソンも指摘しているように(Schudson 1978: 153-155)、社会科学者による検証を考えていたようである(Lippmann 1922[1965]: 233-238)。リップマンは現時点ではまだ「確信に至っていない」(235)、社会学的方法論の確立を待って、初めて報道を客観的に検証できる手段が獲得できると考えている。その意味で、リップマンにとって客観報道の方法論は、いまだ「私たちが最初期の出発点にいる」(237)に過ぎない。その意味で、客観報道とはリップマンにとっては一つの遠大な目標だったと言えるのである。ここでの問題は、「遠大な目標」であるところの客観報道は、果たしてジャーナリズムの規範として機能しうるのか、ということである。

〔2〕「作られた客観報道」論

20世紀後半における客観報道批判の文脈で、最も理論的に「ジャーナリストが扱う事実」について考察したのは、アメリカの社会学者ゲイ・タックマンであると思われる。タックマンは『ニュースを作る（Making News）』で、ジャーナリ

ストがどのようにして、ニュース制作を通じて「事実に関わって」いくのかを、詳細に分析した。

タックマンによれば、ニュースとは「文化的な資産と現実的な交渉作業によって制作されたもの」(Tuchman 1978: 5)ある。すなわち、ニュースレポーターが直面するイベントはあくまで「特異な（idiosyncratic）」ものであり、それは世界に起こる他の全ての事象とは異なる「個別的な出来事」に過ぎないゆえ、レポーターはその特異な事象を何らか「知られた類型」に還元しなければならない[45]。しかしながら、彼らにはその日の締め切りに追われるなどして、その特異な事象を十分に判断する時間を持たないため[同]、彼らは自身の属するニュース報道機関などの組織的制約の中で、「組織の仕事の流れに即した、ニュースソースの類型」[46]を発展させることとなる。タックマンは、ピーター・バーガーとトーマス・ルックマンの「制度の客観化」(Berger & Luckmann 1966: 55-59)という概念を援用し、ニュースにおいても「知識は制度によって客観化される」と論じる(Tuchman 1978: 58)。ニュースの現場において確立された「客観的な理念」が世界の事象を扱う方法を導出する、そしてそれによってレポーターは、日々の「特異な」事象を適切なニュース制作のテクニックを援用しつつ、理解可能なニュースの「類型」を作り上げるのである[同]。

そのようにして作られた「報道の客観性」とは、バーガーとルックマンが指摘するとおり、「人間によって作られ、構成された客観性」(Berger & Luckmann 1966: 57)に他ならない。ではそのようにして「構成された客観性」は、どのように評価すべきなのか。タックマンがニュースにおける「事実」を「政治的に、または（上記のような）ジャーナリスト的プロフェッションとして完遂された事実評価」(Tuchman 1978: 83)であると述べるときに、それをどう再評価するのか、つまり「客観性の評価」の問題が残っている。

〔3〕「見せかけの客観性」論（時のオーソリティの代弁者としての）

　タックマンのような詳細な分析を伴っているわけではないが、比較的多くの論者から提起されている、いわば「見せかけの客観性」論と仮に命名することが可能な一連の議論がある。このタイプの客観報道批判の一つのひな形と見てよいと思われる、ベン・バグディキアンの議論を考察することにする。バグディキアンは、客観報道という「見かけは立派な」教理は、実は同時に「疑わしい影響をも与えている」(Bagdikian 1983[2000]: 130)。なぜなら、ニュースは「他の多くの人間の観察作業に劣らず、十分に客観的ではない」ゆえに、彼らはその客観性の根拠を、何らかの「権威」に頼ることになる。そして、そのような「権威」に頼ることにより、客観報道はますます「権威を代弁した」「保守的で、中立的ではない」ものになる(同)。詰まるところ、報道の客観性は「権威からの独立という見せかけの下に、深刻な権威依存性を、アメリカの一般的なニュース報道へ植え付けた」(同)のである。

　同様の批判は、客観報道が「公的な情報源、権威のある機関に依存している」(Glasser 1992: 183, Carey 1997: 138)、「ジャーナリストは、政治的・経済的エリートの定義した事実性（リアリティ）に奉仕している」(Gitlin 1980: 11-12)、「ジャーナリストは社会において最も権力のある一群の好みにあった偏見を伴ったニュースをばらまく」(Iggers 1999: 103)など、ほぼ同一のパターンが数多く見られる。これらの批判は、いわゆる大手メディアが組織化、巨大化していく中で、制度的に「見せかけの客観性」を演じていくという点で、2.2で言及した「偏向・極化問題」における③の立場であるとも言える。

〔4〕「**客観性はそもそも存在しない**」（プラグマティストの客観報道批判）

　「ミネアポリス・スター・トリビューン」紙の記者として筆をふるったジェレミー・イジャーズは「（報道の）客観性は死んだ、しかしまだ十分にではない」(Iggers 1999: 91)とかなり挑発的に客観報道批判を始めるが、彼はジョン・デューイの「コ

ミュニケーション（対話）それのみが、偉大なコミュニティを造る」を引用しつつ、「デューイは現代社会における複雑さは、けっして必然的に参加型のデモクラシーを断念するに至るとは考えていない。むしろ、彼は新しい形態のコミュニケーションが勃興し、より複雑な社会における民主主義的な参加を可能にすると信じた」(Iggers 1999: 130)と論じる。そして、参加型のデモクラシーを支持するプラグマティストの立場として、伝統的な「客観主義者」に対して以下の相違を強調する。

- リアリティ（客観性）とは社会的に構築されたものであり、それはわれわれの創造的な行動によって絶えず変容される。
- ある言明が真であるのはそれがその言明の真理条件が満たされるときであるが、その真理条件はおそらく人間の諸活動によって確立される。
(Iggers 1999: 134-135)

プラグマティストの見解では、「真理とはつねに暫定的なものであり、それは新しい経験の光の下に改訂せざるを得ず、価値を変え、または他のコミュニティの解釈に直面する」[135]。それゆえ、報道の客観性が否定されなければならない理由は「単にニュースメディアが現実（リアリティ）についての客観的な映像を提供し損なうことにあるばかりでなく、それが理論においても不可能だから」[136]である。なぜなら「パースペクティヴを欠いた、……何ら中立的な立場もない」[同]からである。

パブリック・ジャーナリズムの推進者として著名なジェイ・ローゼンによれば、「（報道の）客観性は、市民を政治とパブリック・ライフに再参加させるという仕事において、誠に悪い、機能しない理念」(Rosen 1993: 53)である。これはイジャーズの立場と類似するものであり、客観報道概念を参加型のデモクラシー、特にその実践形態の一つと考え得るパブリック・ジャーナリズムの実践において、大きな障害と見る見解である。

イジャーズやパブリック・ジャーナリストが攻撃した「客観性」とは何か、またどのような反批判が可能かについては次節で再び取り上げることにする。

2.5 客観報道批判への反批判

さて、このような一連の客観報道批判に対して、どのような応答が可能であろうか。本節では、前節の四項目にそれぞれ対応する四項目で、「反批判」を試みてみることにする。

〔1〕報道における客観性は、少なくとも部分的には到達可能である

リップマンの議論は、ジャーナリズムにおける客観報道追究における限界を指摘した点では、有益な議論であると思われる。それは、例えばタックマンが「報道の戦略的儀式」として指摘したように(Tuchman 1972: 660-679)、うわべだけの方法や「儀式」で報道の客観性が担保できるというような、誤った楽観論に対して警鐘を鳴らしているからである。しかしながら、同時にリップマンの見込みはあまりにも悲観的すぎるように思われる。というのも、ジャーナリズムは「すぐに客観性に到達できる」のではないにしろ、「全く客観性に到達できない」とも言えないからである。事実はその中間にあると思われる。おそらくジャーナリズムは多くの場合、社会における事象を「客観的に」切り取ることに失敗しているが、他方、少なくない場合において、社会の事実を解明することに成功することもあるだろう。では、どういった場合にジャーナリズムは報道の客観性に到達できるであろうか。これに答えることは容易ではないが、一つの例として、アメリカのメディア倫理学者ジョン・C・メリルが提示した「真理のモデル」を挙げてみる。メリルによれば、「ジャーナリストまたは他の論者が「真理」の問題に対して非常な困惑を示すのは、彼らがどんな種類の真理を扱っているのかについて全く確信がないから」(Merrill 1997: 113)である。そこで、メリルは一般に議論される「真理」には五つのレベルがあるとして、以下の表を提示する。

レベル1：超越論的真理

> ジャーナリストもわれわれもこのレベルに到達することが出来ない。これは包括的で、完全な、全てを蔽う真理であり、人間の把握能力を超えている。

レベル2：可能的真理

> これはレベル1の超越論的真理から導き出される真理であり、人間の認識や探究、理性によって可能的に把握されるレベルである。このレベルに人間はけっして完全には到達できないが、ジャーナリストにとっては理想あるいは目標として把握される。

レベル3：選択的真理

> これはレベル2の可能的真理の部分であり、ジャーナリストにとってストーリー全体の実在性（リアリティ）から実際に抽象されるか選択されたものである。これは真理の部分であり、これらを記録することによって、ジャーナリストの記述するストーリーの材料となる。

レベル4：報道された真理

> これはレベル3の選択的真理の部分であり、ジャーナリストが実際に記事にした真理である。これがおそらくジャーナリストにとって最も重要なレベルの「真理」であり、また制御可能な真理である。よりよいジャーナリストは、よりよい真理を記事にする。

レベル5：受け手が受容した真理

> これが再下限のレベルの真理であり、またメッセージ伝達プロセスの最終段階であるが、これはジャーナリストにとって「絶対的に制御不可能な」レベルの真理でもある。
> （Merrill 1997: 113-115）

メリルは上記の表を参照しつつ、真理とは「つねに限定されたもの」であり、またそれぞれのレベルにおいて倫理的な視点で語るべきものが「無数にある」[115]と述べる。ではこのような真理はジャーナリストの倫理とどのように関わるのであろうか。それは「ジャーナリズムの真理の最大のレベル（レベル3とレベル4）へ到達しようとする決意と意志が、ジャーナリストの活動に浸透し、倫理的な報道の動機と基礎を提供するのである」[116]。メリルはリップマンの『公共の哲学』を引用しながら、以下のように述べる、「表現の自由（という理想）を持つ理由は、真理が発見されるかも知れないから」であり、また「正しい討論こそが真理の到達に有益である」[同]。なぜなら、討論が欠けているならば「言論の自由は機能しない……すなわち（討論は）論理と明証性の規則によって制御された弁証法なのである」[同]。

　メリルの議論のメリットは、ジャーナリズムの関わる真理（客観性）、または関わることの出来ない真理（客観性）など、客観性に様々なレベルがあること、そして、そのなかでジャーナリズムが自らの意志と正しい討論という補助的な手段を使って客観性に到達しうる可能性を指摘していることである。もちろん、具体的にはどのようにして個々の真理（客観性）を評価するかの問題は残るが、いわゆる客観報道不可能論（不可知論）に対しては、一定の反批判になっていると思われる。

〔2〕「作られた客観性」もまた、評価可能である

　タックマンの議論は、ジャーナリズムの主張するところの客観性は無前提のものではあり得ず、むしろジャーナリズムの現場の必要性や組織的営為によって「作られた」ものであることを指摘した点で、優れたものである。しかしながら、そのことから直ちに「いかなる客観的評価も不可能である」ことが帰結されるわけではなく、むしろ「作られたもの」という前提を踏まえた上で、それを再評価することは可能であると考えられる。というのも、現代の哲学の成果においては、

精密科学ですらいわゆる「価値中立的」ではなく、また理論と無関係に決めることの出来る「真理」はないとされつつも、他方でそれらに対して、何らかの客観的評価は可能であると考えられているからである[Putnam 1981: 133-137]。客観性は無前提に獲得できるものではないが、かといって全く断念すべきものでもない。ネーゲルの言葉を借りれば、客観性とは、「より客観的な理解」を得るために、概念の見直し等の手続きを繰り返す、ひとつの「方法」[Nagel 1986: 4]なのである。もちろん、このことは、ジャーナリズムの文脈において問題にすべき客観性の追究が、原理的に排除されないということを確認したに過ぎず、さらに進んでそれらがどのような種類の客観性なのか、またジャーナリズムの探究においていかなる条件が「客観的に正当化」されるのかについて答えることは容易ではないと思われる。具体的な評価の基準や方法については、まだ何らの議論もなされていないと言えるが、それでも、「作られた客観性」が、何らかの（再度の）客観的評価を原理的に排除する訳ではないと言うことは、確認できたと思われる。

[3]「見せかけの客観性」は、その客観性が評価されるべきである

「見せかけの客観性」についても、前節の「作られた客観性」での議論と同じ論拠により、客観性の再評価を原理的に排除するものではないことは示されうると思われる。

日本においては原寿雄が「発表ジャーナリズム」という用語を作り、日本のメディアが政府のスポークスマンが公表した情報を垂れ流している状態であることを批判した[原1979: 16-23]。原の論点は「見せかけの客観性」における論者とほぼ共通であると言えるが、原自身はかならずしも客観報道に否定的なわけではない。後に知られる「客観報道論争」[中2006: 207-272]において、原は「報道に求められる客観性とは、あくまで努力目標」「客観的に捉え、客観的に表現するということは、自分の主観的立場もできるだけクールに客観視すること」[原1986: 37-38]と提言しているように、むしろ従来の客観報道概念の改訂可能性を示唆している。従

って、「見せかけの客観性」もまた客観報道の否定へとダイレクトにつながるわけではなく、むしろ、そこから本来の客観性へ向け変える作業が可能なのかが問題となる。

〔4〕プラグマティズムと客観性は、両立可能である

　プラグマティズムの客観報道批判については、自らプラグマティストを標榜しつつ、客観報道擁護論を展開する、カナダのメディア倫理学者のスティーヴン・J・A・ウォードの議論がある。ウォードは、現代プラグマティストの主唱者であるリチャード・ローティの議論を援用しつつ、以下のように述べる。すなわち、ローティは「真理」や「客観性」という伝統的概念をプラグマティックな探究への障害と見なし、それらの概念は独断主義か懐疑主義のどちらかへ陥らざるを得ないと断じた(Ward 2004: 270)。しかしウォードは、プラグマティックな探究が「目的に動機づけられて」おり、またプラグマティストの哲学が「問題解決的」であることについてはローティに同意しつつも、「真理（客観性）が探究のゴールであるべき」という点については、ローティに反して認めるとしている(270-271)。というのも、ローティらが批判した「伝統的な」客観性、すなわち純粋な（生の）事実や普遍的な方法などの概念は、20世紀における哲学的懐疑においてすでに滅びており、それに替わって新しい報道の客観性を、現代の哲学的成果（4の〔2〕で言及したパトナムらの考察等）を踏まえて提示すべき時に来ているからである(262-264)。

　ウォードは、ジャーナリズムの客観性は、新しい認識論的基礎、すなわちより洗練された経験主義――「事実と価値に厳格な線引きを適用せず、ニュースレポートに判断や価値評価の抹消を要求しないもの」(Ward 2004: 263)を目指さなければならないと論じる。

　ウォードの主張するプラグマティックな客観性については、実際に「プラグマティックな客観性」概念が、報道の客観性問題にどれだけ寄与するのかについて

は別途考察の必要があるが、少なくともプラグマティズムが必ずしも報道の客観性を原理的に否定するものではないことを示し得たという点で、評価することができる。

2.6 客観報道理論は「偏向・極化問題」に対応することが可能か ──残された課題

　前節で見てきたとおり、報道の客観性に関する四つの批判については、（1）報道における客観性探究の可能性、（2）「作られた客観性」ないし（3）「見せかけの客観性」への再評価、（4）プラグマティズムと客観性の両立可能性という四つの反批判を通じて、これらの批判が報道の客観性を探究・検証する上で、具体的な局面では障害になり得ても、客観性の探究・検証それ自体を原理的に排除するものではないということが示されたと思われる。これらを踏まえると、偏向・極化問題に関する「客観的評価」についても、その可能性の道筋が示されたと言えるだろうか。上記の論考によって、その原理的な実現の可能性を示すことが出来たと論者は考える。しかしながら、まだ課題も残っている。以下に今後の課題について、列挙してみることにする。

　まず第一に、2.2 で示されたとおり、「偏向・極化問題」において問題となるメディアは、偏向・極化に関する 4 つの立場のうち②または④の立場を取っていることも考えられる。特に④のようにあからさまに偏向を認める立場、あるいは客観報道という価値観を認めないようなメディアに対して、どのような対応を取りうるかが問題となる。客観報道自体も何ら無前提な原理ではなく、2.3 の社会的責任論において述べられたとおり、メディアの受け手への情報の提供や、市民にとって議論のフォーラムとなることが、社会において有益であるという「価値」にコミットしていると言える。そうだとすれば、客観報道を拒否する人々やメディアに対して、どのようにして客観報道を受け容れるように説得すべきかが問題となると思われる。すなわち客観報道の「積極的価値」が改めて問われることに

なる。

　第二に、「偏向・極化したメディア」を具体的に、どのように評価していくかという問題がある。例えば、偏った意見を単なる個人が持っていて、それを個人のレベルで開陳するというのであれば、それはその意見の是非を論ずることは出来ても、意見の開陳自体を止めることは不可能であるし、また不適切である（開陳を止める正当な理由はない）と思われる。しかしながら、社会的影響力を持つメディアやジャーナリズムが偏った意見や立場を表明する場合は、そのメディアの社会的影響力の点から、別途評価しなければならないことになる。その際、(1)そのメディアが実際に偏向していることを実証的に示すことは可能か、(2)どのような偏向を問題とするのか、例えば意見のみの開陳ならよいのか、いけないのか、また事実報道と混合している場合にのみ問題とするのか（事実誤認の可能性を持つため）、など、偏向・極化問題の評価には課題も多い。以下の表は一例であるが、何らかの「評価シート」（評価の基準細目）を作成し、それに従って偏向・極化問題を評価することが出来る可能性も考えられる。これらの新たな課題につ

表 2.1

行為者の社会的立場	偏向・極化問題への望ましい対応
1. 個人の意見表明（権利）	意見を表明するという限りでは、偏向ないし極化と見なされうる意見でも、意見として開陳出来る
2. 個人の意見表明（義務）	ただしヘイトスピーチなど特定の人格（ないし集団）攻撃や、公序良俗に違反する意見表明は自ずと制限される
3. ジャーナリスト（メディア）の意見表明と対応（権利）	社会において公正かつ平等な立場で意見交換が出来る状況下においては、意見表明は可（1に準ずる）
4. ジャーナリスト（メディア）の意見表明と対応（義務）	そのままでは公正かつ平等な議論が出来ない可能性のある場合（例えば扇動的な言論状況などが存する場合）は一方の立場のみを推す、または議論を煽るような意見表明は避け、出来るだけ公正かつ冷静な議論が出来るように努める（議論のフォーラム管理者としての義務）

いては、また稿を改めて論じることにしたい。

参考文献

ASNE 1923: ASNE Canons of Journalism (1923)
http://www.superiorclipping.com/canons.html
Bagdikian 1983[2000]: Ben H. Bagdikian, *The Media Monopoly*, 6th ed. Beacon Press, 2000
Berger & Luckmann 1966: Peter L. Berger and Thomas Luckmann, *The Social Constructions of Reality*, Doubleday & Company
Carey 1997: James W. Carey, "The Communications Revolution and the Professional Communicator", E. S. Munson & C. A. Warren (ed.), *James Carey: A Critical Reader*, University of Minnesota Press
Gitlin 1980: Todd Gitlin, *The whole world is watching : mass media in the making & unmaking of the New Left*, University of California Press
Glasser 1992: Theodore L. Glasser, "Objectivity and News Bias", E. D. Cohen (ed.), *Philosophical Issues in Journalism*, Oxford
Hutchins 1947: Robert M. Hutchins, *A Free and Responsible Press: By the Commission on Freedom of the Press*, University of Chicago Press
Iggers 1999: Jeremy Iggers, *Good News, Bad News*, Journalism Ethics and the Public Interest: Westview Press
Lippmann 1922 [1965]: Walter Lippmann, *Public Opinion*: Macmillan
McQuail 2000: Dennis McQuail, *McQuail's Mass Communication Theory*, 4th ed., SAGE Publications
Merrill 1997: John C. Merrill, *Journalism Ethics Philosophical Foundations for News Media*, St. Martin's Press
Milton 1644[1894]: John Milton, *Areopagitica*, edited with introduction and notes by John W. Hales, Oxford Clarendon Press
Mill 1859 [1989]: John Stuart Mill, *On Liberty; with the Subjection of Women and Chapters on Socialism*, edited by Stefan Collini, Cambridge University Press
Nagel 1986: Thomas Nagel, *The View from Nowhere*, Oxford University Press
nytimes.com 2012: "How *MSNBC* Became *Fox's* Liberal *Evil Twin*"

http://www.nytimes.com/2012/08/31/us/politics/msnbc-as-foxs-liberal-evil-twin.html

Peterson 1956: Theodore Peterson, "The Social Responsibility Theory," *Four Theories of the Press*, University of Illinois Press

Putnam 1981: Hilary Putnam, *Reason, Truth and Reality*, Cambridge University Press

Rosen 1993: Jay Rosen, "Beyond Objectivity", *Nieman Reports*, 47(4)

Schudson 1978: Michael Schudson *Discovering the News*, Basic Books

Siebert 1956: Fred S. Siebert, "The Libertarian Theory," *Four Theories of the Press*, University of Illinois Press

Tuchman 1972: Gaye Tuchman, "Objectivity as Strategic Ritual," *American Journal of Sociology* 77, no.4

Tuchman 1978: Gaye Tuchman, Making News, The Free Press

Ward 2004: Stephen J. A. Ward, *The Invention of Journalism Ethics: The Path to Objectivity and Beyond*, McGill-Queen's University Press

茨木 2014: 茨木正治「マス・メディアの「極化」現象の考察―研究動向と応用可能性の検討―」,『法政論叢』第 50 巻第 2 号

大井 1999: 大井眞二「客観報道の起源を巡って―アメリカ・ジャーナリズム史のコンテクストから」, 鶴木眞編著『客観報道 もう一つのジャーナリズム論』, 成文堂

大石裕 2005: 大石裕『ジャーナリズムとメディア言説』, 勁草書房

塚本 2010: 塚本晴二朗『ジャーナリズム倫理学試論―ジャーナリストの行為規範の研究―』, 南窓社

徳山 2013: 徳山喜雄『安倍官邸と新聞 「二極化する報道」の危機』, 集英社新書

中 2006: 中正樹『「客観報道」とは何か 戦後ジャーナリズム研究と客観報道論争』, 新泉社

原 1979: 原寿雄「発表ジャーナリズム時代への抵抗」,『新聞研究』341 号

原 1986: 原寿雄「「客観報道」を問い直す―その弊害と主観性復活の危険」,『新聞研究』423 号

第3章

「極化」現象とジャーナリズムの倫理
―― ヘイト・スピーチを手がかりとして ――

　所謂嫌中嫌韓本ブームは、2005（平成17）年夏に発刊され、シリーズで累計100万部を売った『マンガ嫌韓流』がその発端といわれる。竹島、従軍慰安婦、尖閣諸島国有地化等の諸問題での、中国・韓国の反日感情の高まりにより、両国と日本との関係が冷え込み、日本の側にも嫌中嫌韓の気運が高まったということが、その背景にある。そうした流れの中で、一部の人々やメディアにも極化の傾向が見られるようになった。その傾向の典型といえるのが、ある特定の民族やマイノリティ等を嫌悪表現を使って誹謗中傷する、所謂ヘイト・スピーチだろう。

　倫理的なジャーナリズムとは、世の中の出来事の真実を伝えるもの、といって差し支えはないだろう。そうであるとすれば、世の中が極化していて、ヘイト・スピーチが横行しているのであれば、そのことをそのまま伝えなければならない、ということになる。つまり、ヘイト・スピーチが街中で行われていたとすれば、それをそのまま伝えるのが、倫理的なジャーナリズムということになる。果たしてそれでいいのだろうか。

　本論は、このような疑問に端を発するものである。

3.1　国連人種差別撤廃委員会とヘイト・スピーチの法規制

　ヘイト・スピーチは、対象者に対する危害となり得る一方で、明確な定義を設けずに法規制すれば、憲法 21 条で保障された表現の自由に反する法規定となり得る[1]。ヘイト・スピーチの法的規制に対して消極的な意見も多かった日本で、ヘイト・スピーチへの法的対策を促した原因の一つが「あらゆる形態の人種差別の撤廃に関する国際条約」（以下「人種差別撤廃条約」とする）である。その 4 条ではヘイト・スピーチ等を、以下のように規定している。

> 　締約国は、一の人種の優越性若しくは一の皮膚の色若しくは種族的出身の人の集団の優越性の思想若しくは理論に基づくあらゆる宣伝及び団体又は人種的憎悪及び人種差別（形態のいかんを問わない。）を正当化し若しくは助長することを企てるあらゆる宣伝及び団体を非難し、また、このような差別のあらゆる扇動又は行為を根絶することを目的とする迅速かつ積極的な措置をとることを約束する。このため、締約国は、世界人権宣言に具現された原則及び次条に明示的に定める権利に十分な考慮を払って、特に次のことを行う。
> (a) 人種的優越又は憎悪に基づく思想のあらゆる流布、人種差別の扇動、いかなる人種若しくは皮膚の色若しくは種族的出身を異にする人の集団に対するものであるかを問わずすべての暴力行為又はその行為の扇動及び人種主義に基づく活動に対する資金援助を含むいかなる援助の提供も、法律で処罰すべき犯罪であることを宣言すること。
> (b) 人種差別を助長し及び扇動する団体及び組織的宣伝活動その他のすべての宣伝活動を違法であるとして禁止するものとし、このような団体又は活動への参加が法律で処罰すべき犯罪であることを認めること。[2]

この「人種差別撤廃条約」の順守状況を監視する、国連人種差別撤廃委員会が、2014（平成 26）年 8 月に日本の審査を行った。その結果、日本政府に対する「最終見解」が公表されたが、その中で、ヘイト・スピーチに関わるものは次のようなものである。

　　　委員会は、条約第 4 条 (a) 及び (b) に関する締約国の留保の撤回あるいは範囲の縮小のための委員会の勧告に関する、締約国の立場及び提供された理由に留意するものの、留保を維持するとする締約国の決定を遺憾に思う。委員会は、人種差別的思想の流布あるいは表現が、刑法上の名誉毀損及び他の犯罪を構成し得ることに留意するものの、締約国の法制が条約第 4 条の全ての規定を完全に遵守していないことを懸念する。
　　　委員会は、締約国に対し、その立場を再び見直し、第 4 条 (a) 及び (b) に対する留保の撤回を検討することを奨励する。…… 委員会は、締約国が、第 4 条の規定を実施するために、法の改正、とりわけ刑法を改正するための適切な措置をとることを勧告する。[3]

　日本は 1995（平成 7）年に「人種差別撤廃条約」に加盟した。条約の 4 条に従えば、ヘイト・スピーチは「法律で処罰すべき犯罪」である。しかし日本は、憲法 21 条の表現の自由を理由にヘイト・スピーチに対する法規制を留保していた。「最終見解」は、その事に対して「遺憾」の意を示し、法規制を設けるように勧告したのである。
　さらに、ヘイト・スピーチに関しては以下のように続く。

　　　委員会は、締約国内において、外国人やマイノリティ、とりわけ韓国・朝鮮人に対し、人種差別的デモ・集会を行う右翼運動や団体により、差し

迫った暴力の扇動を含むヘイトスピーチが広がっているという報告を懸念する。また、委員会は公人や政治家による発言がヘイトスピーチや憎悪の扇動になっているという報告にも懸念する。委員会は、ヘイトスピーチの広がりや、デモ・集会やインターネットを含むメディアにおける人種差別的暴力と憎悪の扇動の広がりについて懸念する。さらに、委員会は、これらの行動が必ずしも適切に捜査及び起訴されていないことを懸念する。

……委員会は、人種差別的スピーチを監視し対処する措置は、抗議の表現を奪う口実として使われるべきではないことを想起する。しかしながら、委員会は、締約国に人種差別的ヘイトスピーチやヘイトクライムから保護する必要のある社会的弱者の権利を擁護する重要性を喚起する。それゆえ、委員会は、締約国に以下の適切な措置をとるよう勧告する。

(a) 憎悪及び人種差別の表明、デモ・集会における人種差別的暴力及び憎悪の扇動にしっかりと対処すること。
(b) インターネットを含むメディアにおいて、ヘイトスピーチに対処する適切な措置をとること。
(c) そのような行動について責任ある個人や団体を捜査し、必要な場合には、起訴すること。
(d) ヘイトスピーチを広めたり、憎悪を扇動した公人や政治家に対して適切な制裁措置をとることを追求すること。
(e) 人種差別につながる偏見に対処し、また国家間及び人種的あるいは民族的団体間の理解、寛容、友情を促進するため、人種差別的ヘイトスピーチの原因に対処し、教授法、教育、文化及び情報に関する措置を強化すること。[4]

ヘイト・スピーチを伴うデモや集会、及びインターネットを含むメディア上でのヘイト・スピーチ等に犯罪として対応し、そうしたことを行う個人や団体、あ

るいは政治家等の公人を犯罪者として取り締まれ、という勧告である。

　この勧告に加えて、2014年12月の京都朝鮮第一初級学校の街頭宣伝差し止め等請求事件において、最高裁が違法性を認めたことや、2020年の東京オリンピック・パラリンピックという国際イベントを控えていることなどもあり、ヘイト・スピーチ対策の議論が活発になっていった。2014年から2016（平成28）年にかけて、約300の地方議会が地方自治法99条[5]に基づいて、国にヘイト・スピーチに関する意見書を提出した。また、大阪市は2016年1月に「ヘイトスピーチへの対処に関する条例」を制定した[6]。

　こうした流れの中で国も、同年5月に「本邦外出身者に対する不当な差別的言動の解消に向けた取組の推進に関する法律」（以下「ヘイト・スピーチ対策法」とする）を成立させた。これは「第1条、この法律は、本邦外出身者に対する不当な差別的言動の解消が喫緊の課題であることに鑑み、その解消に向けた取組について、基本理念を定め、及び国等の責務を明らかにするとともに、基本的施策を定め、これを推進することを目的とする」というもので、「第2条、この法律において『本邦外出身者に対する不当な差別的言動』とは、専ら本邦の域外にある国若しくは地域の出身である者又はその子孫であって適法に居住するもの（以下この条において『本邦外出身者』という。）に対する差別的意識を助長し又は誘発する目的で公然とその生命、身体、自由、名誉若しくは財産に危害を加える旨を告知し又は本邦外出身者を著しく侮蔑するなど、本邦の域外にある国又は地域の出身であることを理由として、本邦外出身者を地域社会から排除することを煽動する不当な差別的言動をいう」と、ヘイト・スピーチを定義づけている。以下「第3条、基本理念」「第4条、国及び地方公共団体の責務」「第5条、相談体制の整備」「第6条、教育の充実等」「第7条、啓発活動等」と続くが、ヘイト・スピーチを犯罪として取り締まる規定はない。憲法21条の表現の自由との兼ね合いから、禁止や罰則のない理念法として制定されたのである。

　ヘイト・スピーチ対策法が成立した翌月の6月には、ヘイト・スピーチを伴う

街宣活動を川崎市内で予定していた主催者が、横浜地方裁判所川崎支部の仮処分決定によって、街宣活動を予定していた川崎市内の在日コリアン集住地域での実施を禁じられた。この仮処分決定では、ヘイト・スピーチ対策法 2 条の「本邦外出身者に対する不当な差別的言動」が不法行為にあたり、スピーカーを使用して大声を張り上げるというように、平穏に生活する人格権を侵害する程度が顕著な場合には、憲法 21 条の集会の自由や表現の自由の範囲外である、とされていた。禁止や罰則のない理念法といえども、ヘイト・スピーチ規制の根拠とはなり得るし、実際に効果を発揮したのである[7]。

　しかしその一方で、同年 8 月の東京都知事選挙では、「在日特権を許さない市民の会（在特会）」前会長の桜井誠氏が、外国人への生活保護支給の廃止や、都内での韓国学校建設計画の中止などを公約に掲げて立候補し、港区の在日本大韓民国民団前で、「韓国へ帰れ」「さっさと日本から出て行け」等と演説した[8]。「合法的」あるいは「脱法的」なヘイト・スピーチの存在が明らかになったのである。

　選挙運動であっても、ヘイト・スピーチが伴う街宣活動と何ら変わらないものであることが明確なものであれば、あるいは規制することも可能かもしれない。しかし、選挙演説の政治的な発言の中に含まれる嫌悪表現をすべて規制する法規定等を、憲法 21 条と矛盾しないように制定するのは不可能と思われる。ヘイト・スピーチ対策法 2 条の「本邦外出身者に対する不当な差別的言動」にあたる行為が、選挙運動の中にないかどうかを、予め確認できれば規制のしようもあるだろうが、それでは検閲になってしまう。もはや理念法にとどめるかどうかの問題ではない。法規制には限界がある、といわざるを得ないのではないだろうか。法規制によって、ヘイト・スピーチを一掃しようというのは、大きなリスクを伴うように思えてならない。

3.2 ヘイト・スピーチと倫理学理論

　アメリカ・ジャーナリズム倫理学の第一人者である、クリフォード・G・クリスチャンズが中心となって編集したテキスト *Media Ethics: Cases and Moral Reasoning* は、10版を重ね、この領域の代表的なテキストであるとともに、既に古典の域に達したとさえいえるものである。この中で、倫理学の理論を五つの範疇に整理している。その五つとは、徳・義務・功利性・権利・愛という五つに基づくものである。そこで本論もこれに従い、同書で取り上げられているように、徳―アリストテレス、義務―イマヌエル・カント、功利性―ジョン・スチュアート・ミル、権利―ジョン・ロールズ、愛―ネル・ノディングズの五つの倫理学理論とその代表的な所論に依拠して、ヘイト・スピーチを考察してみたい(9)。
　第1に徳に基づく倫理学である。アリストテレスによれば、「節制とか勇敢とかその他もろもろの倫理的な徳」とは以下のようなものである。

　　　あらゆるものを逃避しあらゆるものを恐怖して何ごとにも耐ええないひととは怯懦となり、また総じて、いかなるものも恐れず、いかなるものに向っても進んで行くならば無謀となる。同じくまた、あらゆる快楽を享楽し、いかなる快楽をも慎まないひとは放埒となり、あらゆる快楽を避けるならば、まったく田舎者のように、いわば無感覚なひととなる。かくして節制も勇敢も「過超」と「不足」によって失われ、「中庸」によって保たれるのである。(10)

　倫理的な行為とは、過不足のない中庸の行為であるとするのである。これを人間同士の関係に当てはめるとどのようになるだろうか。

人間の接触とか交際において、つまり、一緒に暮らし談論やものごとを共にするという生活面において、或るひとびとは機嫌とりであると考えられる。相手を悦ばせるために何ごとをもすべて賞賛して決して反対せず、その行きあういかなるひとにも苦痛を与えないことを心がけているひとびとがそれである。またこれとは逆に、何ごとにも反対する、そしてひとに苦痛を与えることを全然意に介しないごときひとびとは、不愉快な・うるさいひとびとと呼ばれる。こうした諸「状態」が非難さるべき「状態」であることはいうまでもないのであり、これに対する「中」的な「状態」——すなわち、然るべきことがらを然るべき仕方で受けいれ、また同じような仕方で難じもする、というふうな人間たらしめるごとき——が賞賛さるべき「状態」であることも明らかである。(11)

　以上のように、人間の接触や交際における中庸を示した上で、他人との交歓といったものでは「そこには語るべき——同じくまた聞いていい——ことがらと仕方があると考えられ(12)」「たしなみのあるひとならば決して口にしないであろうような、また聞くことをも拒否するであろうような性質のことがらを語る(13)」のは過超であるとしている。
　つまりいろいろな人が生活する社会において、付き合いのある人の中に非難すべき点がある人がいたのであれば、非難をすること自体はかまわない、ということだろう。しかし、そのことによって生じ得る相手の苦痛を全く考えずに過超な事柄を語って非難し、その結果実際にその相手に苦痛が生じたのであれば、それは倫理に反する過超な行為となる、ということである。
　これをヘイト・スピーチに当てはめると、ある特定の民族やマイノリティ等に批判すべき点があったとして、それを指摘し批判することは、何ら非倫理的なことではない。しかし、ある特定の民族やマイノリティ等を聞くに堪えない嫌悪表現を使って誹謗中傷し、対象となる人々に苦痛を与える、というような批判の仕

方をすれば、過超であるから非倫理的なものとなるのである。

　以上の通り、アリストテレスの所論によれば、ヘイト・スピーチは非倫理的である。

　第2に、義務に基づく倫理学である。カントによれば、善意志とは以下のようなものである。

> 　我々の住む世界においてはもとより、およそこの世界のそとでも、無制限に善と見なされ得るものは、善意志のほかにはまったく考えることができない。知力、才気、判断力等ばかりでなく一般に精神的才能と呼ばれるようなもの、——或いはまた気質の特性としての勇気、果断、目的の遂行における堅忍不抜等が、いろいろな点で善いものであり、望ましいものであることは疑いない、そこでこれらのものは、自然の賜物と呼ばれるのである。しかしこれを使用するのは、ほかならぬ我々の意志である。意志の特性は性格であると言われるのは、この故である。それだからこの意志が善でないと、上記の精神的才能にせよ、或いは気質的特性にせよ、極めて悪性で有害なものになり兼ねないのである。(14)

　つまり、人の行為ははじめから倫理的なわけでも非倫理的なわけでもない。問題なのは、その行為を行う意志である、ということだ。善意志による行為でなければ、本来善であるはずの行為も、悪に転じてしまう可能性がある、ということである。

> 　行為の道徳的価値は、その行為から期待されるところの結果にあるのではない、さりとてまた行為を生ぜしめるなんらかの原理——換言すれば、行為の動因をその行為の結果から借りてくることを必要とするような原理にあるのでもない。およそこのような結果（彼の現在の状態が快適である

こと、それどころか他人の幸福を促進することすらこれに属する）は、別の原因によって生じ得たであろうし、そのことはかくべつ理性的存在者の意志を必要としなかったのである、ところが無条件的な最高善は、およそ理性的存在者の意志においてのみ見出され得るのである。⁽¹⁵⁾

　行為の善悪というのは、その行為自体がどのようなものであったか、によって判断されるものではない。その行為をした者の意志が、どのようなものであったかが問題なのである。

　　私の意図する行為の結果であるところの対象には、なるほど傾向をもつことはできるが、しかしとうていこれに尊敬を致すことはできない、かかる対象は意志から生じた結果にすぎないのであって、意志そのもののはたらきではないからである。同様に私は、傾向性一般を —— それが私の傾向であると、他人の傾向であるとを問わず、—— 尊敬することはできない、もしそれが私の傾向であれば、ただこれを傾向として認めるのが精々だし、また他人の傾向であれば、それが私自身の利益に役立つ限り、時にこれを喜ぶことさえあるだろう。それだから結果としてでなく、あくまで根拠として私の意志と固く連結しているところのもの、私の傾向性に奉仕するのではなくてこれに打ち克つところのものの、少なくとも対象を選択する際の目算から傾向性を完全に排除するところのもの、すなわち —— まったく他をまつところのない法則自体だけが尊敬の対象であり得るし、また命令となり得るのである。⁽¹⁶⁾

　ある特定の民族やマイノリティ等を嫌悪するというような行為は、一つの傾向に過ぎない。少なくとも嫌悪の対象となる人々にとって、苦痛を生ずるものでしかない。つまりヘイト・スピーチという行為は、その内容がたとえ真実を語って

いるものであったとしても、ある一定の傾向性に奉仕するだけであって、そのもの自体は、道徳的価値をもたないものである。

> およそいかなる理性的存在者も、目的自体として存在する。すなわちあれこれの意志が任意に使用できるような単なる手段としてではなく、自分自身ならびに他の理性的存在者たちに対してなされる行為において、いついかなる場合にも同時に目的と見なされねばならない、と。傾向の対象は、いずれも条件付きの〔相対的な〕価値しかもたない、それだからこれまで存在していた傾向と傾向にもとづく欲望とがいったん存在しなくなると、傾向の対象は途端に無価値になるだろう。傾向そのものは、欲望の根源ではあるが、しかしそれは我々が希求するに値いするような絶対的価値をもつものでない、むしろいっさいの傾向を脱却することこそ、一般に理性的存在者の誰もが懐くところの念願でなければならない。[17]

ある特定の民族やマイノリティ等に向けられたヘイト・スピーチは、嫌悪者の傾向には奉仕するものであろうから、嫌悪者にとっての何らかの価値はもつかもしれない。しかし、対象とされている人々も、理性的存在者であって、任意に使用できるような単なる手段としてではなく、目的自体として存在するのである。

> それだから最高の実践的原理が存在すべきであるならば、すなわち人間の意志に関して定言的命法が存在すべきであるならば、それは —— 何びとにとっても必然的に目的となるところのもの（そのものがもともと目的自体であるから）の表象を意志規定の客観的原理として、従ってまた普遍的な実践的法則として用いられ得るような原理でなければならない。そしてこの原理の根拠は、理性的存在者は目的自体として存在する、というところにある。人間は、自分自身を必然的にこのような存在と考えているので

ある。その限りにおいて、この原理は人間の行為に対する主観的原理である。しかしおよそ人間以外のすべての理性的存在者もまた、私に通用するのとまったく同じ理性根拠に従って、自分の存在をこのようなものと考えているのである。それだからこの主観的原理はまた同時に客観的原理でもあり、意志を規定するいっさいの法則は、最高の実践的根拠としてのこの原理から導来せられねばならないのである。それだから実践的命法は、次のようなものになるであろう、──「君自身の人格ならびに他のすべての人の人格に例外なく存するところの人間性を、いつでもまたいかなる場合にも同時に目的として使用し決して単なる手段として使用してはならない」。(18)

　ある特定の民族やマイノリティ等に対してヘイト・スピーチを行う嫌悪者は、対象としている人々を「ゴキブリ」等という非理性的なものに例えたりすることを考え合わせれば、自身と同じ人格とは考えていないことは明らかである。嫌悪者は自身の傾向性に奉仕するために、ヘイト・スピーチの対象とした人々を単なる手段として利用しているのである。

　　他人に対する必然的な、或いは責任ある義務について言えば、他人に偽りの約束をしようともくろんでいる人は、他人を単に手段として利用しようとしているだけであること、そして他人はその場合に決して目的そのものでないということを、直ちに知るであろう。私が、このような偽りの約束を私の目的に利用しようとする当の相手は、私のこういう仕打ちに同意する筈がないし、従ってまた自分からかかる行為〔偽りの約束をするという〕の目的となるようなことはできるわけがないからである。他人の原理〔人間性の〕とのこのような矛盾撞着は、他人の自由や所有権に加えられる侵害を例に引けば、もっと明白になる。このような場合には、人間の権利

を侵害する人が、他人の人格を単に手段としてのみ利用しようとたくらみ、これらの人を理性的存在者として、いついかなる時にも目的と見なさるべきであるということ —— 換言すれば、彼のする行為とまったく同じ行為の目的を、この人達もまたもち得ねばならないような存在者と見なすべきであるということを、考慮に入れていないことは明白だからである。[19]

　カントが示す他人との関係の事例に当てはめればわかりやすい。ヘイト・スピーチが問題になる一番の理由は、対象とされたある特定の民族やマイノリティ等が、苦痛を感じているということである。ヘイト・スピーチを行っている嫌悪者の行為に同意をしていないのである。それに対して、嫌悪者の側は対象とされた人々が苦痛を感じていることを承知で行っている。嫌悪者は自身がする行為とまったく同じ行為の目的を、対象とされた人々もまた持ち得ねばならないような存在者とみなすべきであるということを、考慮に入れていないことは明白である。

　　他人に対する功績的義務について言えば、およそ人間のもつ自然的目的は、自分自身の幸福にほかならない。なるほど他人の幸福に寄与しないまでもこれを故意に損ないさえしなければ、人間性は支障なく存立し得るであろう。しかし各人が、他人の目的をできるだけ促進するに努めないとしたら、目的自体としての人間性と消極的に一致するだけで、積極的に一致するものでない。目的自体であるところの主体のもつ諸種の目的は、もし例の表象〔目的自体としての人間性という〕が私において十分な効果を挙げることになれば、それはまた私の目的にもなり得るからである。[20]

　ある特定の民族やマイノリティ等に対するヘイト・スピーチという行為は、対象とされた人々の幸福に寄与しないばかりか、これを故意に損なうものである。以上の通り、カントの所論によれば、ヘイト・スピーチは非倫理的である。

第3に、功利性に基づく倫理学である。ミルは以下のように言論の自由の重要性を主張する。

> 　意見の発表を沈黙させることに特有の害悪は，それが人類の利益を奪い取るということなのである。すなわち，それは，現代の人々の利益を奪うと共に，後代の人々の利益をも奪うものであり，また，その意見を懐抱している人々の利益を奪うことはもとより，その意見に反対の人々の利益をさらに一層多く奪うものである，ということである。もしもその意見が正しいものであるならば，人類は誤謬を棄てて真理をとる機会を奪われる。また，たとえその意見が誤っているとしても，彼らは，これとほとんど同様に重大なる利益 —— 即ち，真理と誤謬との対決によって生じるところの，真理の一層明白に認識し一層鮮かな印象をうけるという利益 —— を，失うのである。[21]

　ミルは誤った意見の発表も自由に行われるべき、としている。ヘイト・スピーチも意見の発表であることに変わりはない。つまり、たとえヘイト・スピーチであろうとも、発表する自由は保障すべき、ということになる。しかしミルは、『自由論』の目的を次のように述べている。

> 　この論文の目的は、用いられる手段が法律上の刑罰というかたちの物理的な力であるか、あるいは世論の精神的強制であるかいなかにかかわらず、およそ社会が強制や統制のかたちで個人と関係するしかたを絶対的に支配する資格のあるものとして一つの極めて単純な原理を主張することにある。その原理とは、人類がその成員のいずれか一人の行動の自由に、個人的にせよ集団的にせよ、干渉することが、むしろ正当な根拠をもつとされる唯一の目的は、自己防衛であるというにある。また、文明社会のどの成

員に対してにせよ、彼の意志に反して権力を行使しても正当とされるための唯一の目的は、他の成員に及ぶ害の防止にあるというにある。(22)

ミルは『自由論』において、個人の行動や意志の自由への干渉が正当化される原理を主張する、としている。つまり、誤った意見を発表する自由までも保障されるべき、と主張しつつも、個人の意見がその発言者の意志に反して強制的に規制を受ける場合があることを肯定しているのである。

> このような干渉を是認するためには、彼に思いとどまらせることが願わしいその行為が、誰か他の人に害悪をもたらすと計測されるものでなければならない。いかなる人の行為でも、そのひとが社会に対して責を負わねばならぬ唯一の部分は、他人に関係する部分である。(23)

ミルは、個人の自由への干渉が肯定されるのは、他人との関わりに関してである、としている。個人的に何かを考えたり、同じ考えに共感し合う者同士で意見交換をしあうようなことにまで、規制が及ぶべき、というのではない。あくまでも他人との関係がどうなるかによって、判断されるべきなのである。

> われわれのなすことが、われわれの同胞たちを害しないかぎり、たとえ彼らがわれわれの行為を愚かであるとか、つむじ曲りであるとか、ないしは誤っているとか、と考えようとも、彼らから邪魔されることのない自由
> (24)

ミルが考える自由とは、簡単にいえば以上のような条件付きのものである、ということができるだろう。そうであるとすると、意見の発表に関する場合、意見の発表を沈黙させることによって生じる害悪と、その意見の発表によって生じる

同胞達への害悪を比較して判断する必要がある、ということになる。そこで問題になるのは、どのような基準で判断するかということである。

  功利主義が正しい行為の基準とするのは、行為者個人の幸福ではなく、関係者全部の幸福なのである。自分の幸福か他人の幸福かを選ぶときに功利主義が行為者に要求するのは、利害関係をもたない善意の第三者のように厳正中立であれ、ということである。[25]

 ヘイト・スピーチとは、ある特定の民族やマイノリティ等に対して嫌悪表現を使って誹謗中傷する行為である。その対象とされた民族やマイノリティ等にとって不快なばかりでなく、「殺せ」「死ね」等と危害を加えられることを予感させるものである。対象となる民族やマイノリティ等にとって害悪以外の何ものでもない。このようなスピーチを行っている嫌悪者が、自らのヘイト・スピーチに関係する者全体の幸福を考えたり、厳正中立な立場で他人の幸福を考えたりしているとは考えにくい。ヘイト・スピーチは決して倫理的であるとは、いえないだろう。
 以上の通り、ミルの所論によれば、ヘイト・スピーチは非倫理的である。
 第4に、権利に基づく倫理学である。ロールズのいう「無知のヴェール」の背後に位置づけられている、原初状態の人々とは、以下のようなものである。

  第一に、自分の社会的地位、階級もしくは社会的身分を誰も知らない。また、生来の資産や才能の分配・分布における自らの運、すなわち自らの知力および体力などについて知るものはいない。また、当人の善の構想、すなわち自分の合理的な人生計画の詳細を誰も知らず、リスクを回避したがるのか楽観的なのか悲観的なのかといった、自らの心理に関する特徴すら誰も知らない。これに加えて、当事者たちは自分たちの社会に特有の情況を知らない。すなわち、その社会の経済的もしくは政治的状況や、その

社会がこれまでに達成できている文明や文化のレベルを彼らは知らない。原初状態の人びとは、自分たちが属しているのはどの世代であるのかについて、どのような情報も有してはいない。(26)

ロールズによれば、このような原初状態の人々には以下のような自然本性的な義務というものがある。

[1] 自分に過度の危険もしくは損失をもたらさずにそうできる場合には、困っているあるいは危険にさらされている他者を支援すべきだとする義務、[2] 他者に危害を加えたり傷つけたりしてはならないという義務、[3] 不必要な苦しみを生じさせてはならないという義務。(27)

なぜ以上のような三つが自然本性的な義務となるのか、その理由を次のように述べている。

自然本性的な義務は、私たちの自発的な行為とは無関係に私たちに適用されるという特徴を持つ。……残酷な仕打ちをしないとか悪意を抱かないようにする、もしくは他者の支援に取り組むといった約束など私たちは結んでいないと言い張っても、それは抗弁にも弁明にもならない。たとえば、人殺しをしないという約束は、通常ばかばかしいくらい無用の長物にほかならず、また〈人を殺さないという約束は ── それに先立って結ばれた約束がまったく存在しなくとも ── ひとつの道徳的要求を確立するものではないか〉とする示唆も間違っている。人を殺さないというという約束が意味をなすのは、(もしありえるとすれば) おそらく正義にかなった戦争下に生じる状況において、人が人を殺す権利を有する特別な理由がある場合に限ってのことに過ぎない。(28)

特定の民族やマイノリティ等に対して苦痛や恐怖を与える事を特別に許されるような、権利を有するわけでもなく、そうしなければ自らが同様な苦痛や恐怖を与えられるという状況下にもない限り、嫌悪表現によって相手に苦痛や恐怖を与えるヘイト・スピーチは肯定されない、という事になる。さらには、自然本性的な義務に含まれるものとして「相互尊重の義務[29]」をあげ、ロールズは以下のように述べている。

　　　この義務が承認されるであろう理由は、原初状態の当事者たちは互いの利害に何の興味関心も持たないけれども、社会においては仲間たちからの尊重が保証されている必要があると知っているところにある。彼らの自尊と、おのれの人生目的の体系には価値があるのだという自信は、他の人びとによる無関心、ましてや軽蔑には耐えられない。よって、相互尊重の義務が受け入れられている社会に生きることで、全員が恩恵を受ける。[30]

　ヘイト・スピーチとは、ある特定の民族やマイノリティ等に対して嫌悪表現を使って誹謗中傷する行為である。他人を尊重していない行為であることは、説明するまでもない。また、ロールズが示している理由をみればわかる通り、無知のヴェールの考え方からすれば、自分が受けたくない待遇を慮って以上のような義務を受け入れるのである。ヘイト・スピーチのような罵声の類を浴びせられたい人がいるはずもない。
　以上の通り、ロールズの所論によれば、ヘイト・スピーチは非倫理的である。
　第5に、愛に基づく倫理学である。ノディングズは、以下のような理由で、明確な倫理学的原理や道徳的判断基準を追求しようとする倫理学を批判する。

　　　倫理学、すなわち道徳性の哲学的な研究は、これまで、おおむね道徳的

推論を中心にして行われてきた。たとえば、現在多くの研究は、道徳的賓辞の地位に的が絞られているし、教育では、支配的なモデルによって道徳的推論の段階的な図式が呈示されている。こうした点に重きをおくことで、倫理学は現代的な、数学的な外観を呈しているが、同時に実際の人間の活動やそうした活動に浸透している感じとは、かけはなれたところへ議論が移されてもいる。(31)

その上で、倫理学におけるケアリングの意義を以下のように述べている。

 わたしたちの注目の焦点は、いかにして他のひとと道徳的に接するかという点にある。倫理的なケアリングは、わたしたちが他のひとと、実際に道徳的に接している関係であるが、自然なケアリングから生じるものとして説明されよう。自然なケアリングとは、わたしたちが、愛や、心の自然な傾向から、ケアするひととして応答する関係である。……わたしたちが道徳的でありたいと思うのは、ケアリングの関係にとどまり、ケアするひととしての自分自身という理想を高めるためである。(32)

ノディングズによれば、ケアリングの関係とは「ケアするひと」と「ケアされるひと」が存在し、「ケアするひとの専心没頭や、動機の転移を要求し、ケアされるひとの認識や、自発的応答を要求する(33)」以下のようなものである。

 ケアされるひとが、ケアするひとへの直接的な応答とか、個人の喜びとか、ケアするひとの目前での上首尾の成長とかに提供しているのは、真の助け合いである。それは、関係の維持に貢献し、ケアリングが、自己に対する苦悩や不安という形態で、ケアするひとに向かって引き返していかないように対応している。(34)

3.2 ヘイト・スピーチと倫理学理論 | 45

つまり、ある人が悩んでいる友人を心底心配する状態が「専心没頭」で、その結果、その友人の悩みの原因を共有することが「動機の転移」である。そうすると、その人は自らの悩みと同様のものとして、その友人の悩みを解決しようとするかもしれないが、あくまでも他人の悩みごとであるから、友人の側はありがた迷惑の場合もありうる。そうではなくて、自分の悩みを一緒に解決しようとしてくれていることに感謝しているのであれば、その意を示すことが「助け合い」、すなわち相手の厚意を受け入れることを明確にすることによって、相手が積極的に悩みの解決のケアをできる状態にするということである。
　ケアリングは明確な倫理学的原理や道徳的判断基準を提示するものではない。そこで、ある特定の民族やマイノリティ等に対するヘイト・スピーチに関して考察を加えるためには、ヘイト・スピーチというものが、誰のために行われているものなのかを考える必要がある。
　第1に、ヘイト・スピーチの対象となっている特定の民族やマイノリティ等のためである、と仮定する。もし、そうであるとすると、特定の民族やマイノリティ等のためを思って、自省や反省を求めている、ということになる。しかし、そうであるとすると、ヘイト・スピーチを行っている嫌悪者は、なぜ当該民族やマイノリティ等に対して誹謗中傷となるような嫌悪表現を使ってスピーチをしているのかが問題となる。普通に考えれば、このような行為は、ケアとはいわないだろう。心底親切のつもりで忠告をしているとしても、対象となる人々は、誹謗中傷が混じったスピーチを聞いて、ケアされているとは決して思わないだろう。したがって、助け合いは成立しない。つまりケアリングの関係は成立のしようもない、ということである。
　第2に、ヘイト・スピーチを行っている嫌悪者と同様の意見をもつ人々のためである、と仮定する。もし、そうであるとすると、少数派である同意見の人々への団結の訴えや、一緒に活動していくための呼びかけということになる。ヘイト・

スピーチで主張されるような内容は、マイノリティに属する意見が多いから、同じ意見をもつ仲間をケアするという意味にはなるかもしれない。しかし、そうであるとすると、同意見の人々に団結を呼びかけることと、特定の民族やマイノリティ等を嫌悪表現を使って誹謗中傷することは、等号で結ばれるものではない。同意見の人々との団結のための集会等を行うために、特定の民族やマイノリティ等に対して嫌悪表現を使って罵らなければならない、という理由にはならない。要するに、ヘイト・スピーチの対象となっている人々の苦痛や恐怖はまったく顧みずに、自分の意見を聞いてくれる人々に向かって、言いたいことを言っているだけ、ということになる。それは、結局自分自身の味方を集めている、換言すれば自分をケアしてくれる人を募っている、に過ぎない。要するに、ヘイト・スピーチを行っている嫌悪者は、ケアしようとしているのではなく、ケアされたがっているだけ、ということになる。したがって、ケアリングの関係は存在しない。

　第3に、当該民族やマイノリティ等に対して特に嫌悪の感情を持っているわけではない一般の人々のためである、と仮定する。もし、そうであるとすると、当該民族やマイノリティ等に批判すべき点があり、それを多くの人々に広く伝える必要があるので行っている、ということになる。本当にそうであれば、批判すること自体は否定されないが、その批判すべき点を論理的に取り上げてスピーチすればいいのであって、嫌悪表現を使って誹謗中傷する必要はない。対象となる一般の人々をケアするつもりで専心没頭しているのであれば、聞くに堪えない嫌悪表現を使ったスピーチを聞かされた人々が、どのような気持ちになるか、考えるはずである。また聞かされた一般の人々も、そのような行為によって自分たちがケアされているとは考えないだろう。つまりこの場合も、助け合いの関係は成立しないだろう。すなわちケアリングの関係も成り立たない、ということである。

　以上の通り、ノディングズの所論によれば、ヘイト・スピーチは非倫理的である。

3.3 ヘイト・スピーチ報道のジレンマ

　危機管理と情報に関する研究の第 1 人者である福田充は、以下のようにテロリズムとメディアには「共生関係[35]」があるとする。

> 　　テロリズムとは、世界の注目を集めるために事件を起こし、それを報道するテレビや新聞、雑誌、インターネットなどさまざまなメディアを通じて、自分たちの犯行声明やメッセージを報道させることによって、社会に対して不安や恐怖を与え、そして自分たちの主張の正当性を訴え、闘争を継続させて勝利をつかむために行われる一連のプロセスであるといえる。
> 　　私たちはこれらのテロリズムの現状を多くの場合、一般的にメディアを通じて知る以外に方法はない。そして、メディアはテロ事件が発生すればその事件を報道し、犯行声明が出されれば、犯行組織の実態をつかむために詳細を報道しようとする。それはメディアの社会的使命であり、ジャーナリズムの使命である。[36]

　このような関係は、ヘイト・スピーチも同じといっていいように思う。
　ヘイト・スピーチは、「人種差別撤廃条約」の規定によれば、処罰すべき犯罪であり、倫理学的にみても、非倫理的な行為である。そのような行為が、堂々と街中で行われているとすれば、当然報道されるべきニュースである。しかし、ここで大きな問題となるのが、それではどのように報道するか、ということである。
　ある特定の民族やマイノリティ等を嫌悪表現を使って攻撃するような主張は、普段身のまわりには少なく、多くの人の耳には届かない。なぜならそのような主張は非倫理的だからである。それゆえ、そうした非倫理的な主張を街中で公然と行えば、殺人事件が報道されるのと同様に、ニュースとして報道されることにな

る。一般的にいえば、ニュース報道に際して事実をありのまま伝えるジャーナリストを、倫理的に間違っているとはいわない。ところが、ヘイト・スピーチで行われるような主張の内容は、ある特定の民族やマイノリティ等を嫌悪表現を使って攻撃するものである。普段そのまま伝える事が憚られるものである。裏を返せば、メディアで取り上げられ、その内容が世間の多くの受け手に届くだけで、ある程度嫌悪者のヘイト・スピーチはその目的を達成してしまっている、ということができる。

　そうであるとすれば、皮肉なことに、ジャーナリストとしての使命を遂行するために、事実をありのままに伝えようとすればするほど、換言すれば、倫理的なジャーナリズムを遂行すればする程、嫌悪者達が主張する「正当性」を伝えることになり、ヘイト・スピーチに協力してしまうことになってしまうのである。つまり、倫理的なジャーナリズムが、ヘイト・スピーチとメディアの共生関係を生み出し得る、ということである。

　もちろん事実をありのまま伝えることと、真実を伝えることは、まったくの同義ではない。いかに不当な主張であるかの解説をつけて、ヘイト・スピーチを批判的に報道することは可能である。ある特定の民族やマイノリティ等を不当に誹謗中傷しているようなスピーチであれば、そのような報道をして当然であろう。しかし、ヘイト・スピーチ報道をするのであるから、その内容をまったく伝えずに批判だけするのは不可能である。多かれ少なかれ、主張されている内容は、伝えなければならない。そうすると結局は、ヘイト・スピーチを行っている嫌悪者の思うつぼということになってしまう。

　ヘイト・スピーチ報道には、容易に解決できないジレンマが存在するのである。

3.4 コミュニタリアン・ジャーナリズムのアプローチ

　ヘイト・スピーチの法規制に消極的な考え方は、日本の場合、憲法論では珍しくない。むしろ主流派といえる。しかし管見によれば、ジャーナリズム倫理学の見地から法規制に反対する議論は、日本ではみられない。国外でもさほど多くみられる議論だとは思えない。そんな中にあって、アメリカのジャーナリズム倫理学の基盤を確立させた名著 *Good News* の著者である、クリフォード・G・クリスチャンズ、マーク・ファックラー、ジョン・P・フェレの3人が2012年に刊行した *Ethics for Public Communication* [37] は、ヘイト・スピーチの法規制に対して、コミュニタリアン・ジャーナリズムの見地から反対している。ヘイト・スピーチを法的に規制することは、「その言葉が直接的で深刻な物理的害の可能性をもたらす場合を除いて、悪しき言論に対する妥当な解毒は善き言論である。悪しき言論に対して法の強制力を使用することは怒りをかき立てる言論よりもはるかに大きな悪の危険にさらすことである。何もかも台無しにしてしまう悪は、法廷や裁判官を治安の調停者と同じものであるかのように善の調停者にもしてしまうような、道徳性と法を混ぜ合わすことである[38]」というのである。ヘイト・スピーチに当たるかどうかの判断は、悪しき言論か善き言論かを判断することである。善か悪かの判断は、倫理学の領域で行われるべきものであって、裁判官によって法的に判断されるものではない、という考え方である。もう少し詳しくみていくことにする。

　同書は「ストームフロント」という人気のある白人至上主義のウェブ・サイトを例に挙げ、ヘイト・スピーチに関して検討している。

　まず、このサイトは以下のような三つの印象を提供している、とする。

　第1に白人至上主義者は「自分達の意見がグローバルな宣伝のために、より広まった文化的殺気（Amuck）によって抑圧され、無視され、軽視されているとい

う認識をもっている」ということである。そのため白人至上主義者は、政治家やメディアそして法廷さえも敵対者と捉える。したがって「集団的な憎悪のための口頭や記号による表現を抑圧することは、そうした表現を立ち去らせる態度をもたらしはしない」という印象を与えるのである。

　第2に白人至上主義者は「形而上学的な部分へと人種嫌悪のレトリックが拡張することを熱望する」ということである。人種問題は一地方限定の問題ではなく、いかなる場合も生存のための、あるいは道徳的な勝利への果てしない闘争と連動するものであって、正当な所有者から不当な強奪者へ全ての福利の向きを変える陰謀である、というのである。したがって、人種によってもたらされた果てしない危機は、別個の世界を要求し、平和は境界が成立し強制された時にのみ達成される、というのである。そのため白人至上主義者によって提供される解決は単なる消滅、すなわち黒い皮膚は去らなければならない、ということでしかない、という印象を与えるのである

　第3に、以上のような二つのことから、ヘイト・スピーチの「可能な解決は存在しない」ということである。「人種嫌悪の言論は量的に増加し、その運動の終末論的な予見を最大化させ、その運動そのものが撚り合わせた情熱を煽ることによって、そのもの自体を永続させる」とする。つまり、白人至上主義運動は運動そのものを煽りたてることが目的であるから、ヘイト・スピーチは、解決という目標がない社会運動を意味する、という印象を与えるのである。

　以上の三つをみる限り、ヘイト・スピーチとは根本的な解決が不可能な印象を与えるもの、ということになる(39)。それゆえヘイト・スピーチに対して「目をそらせ。善き非消費者たれ。製品の不買によって市場を抑圧せよ」という対応があり得る。確かに戦略としての「目をそむけること」は、その人を共犯から救う。また、嫌悪扇動に注意を払わなければ、嫌悪の煽動者ではありえない。しかしながら「嫌悪のメッセージを単に回避するだけでは道徳的解決には『役立たず』と同様である。レイシズムの受け手は常に存在するだろう。……個々人が非参与者

としていなくなるだけでは、消え失せはしない。たぶん反対者の減少は、弱者の側が戦闘を放棄している、という印象を創り出すことによって嫌悪の調達者達を勇気づけるだろう。目をそむけることは、ヘイト・スピーチに通行許可を与えること、すなわち反対すべき時に黙許することである[40]」とする。

　そこで提唱されるのが、「手間のかかる話し合い（文化の異なる者同士の交渉）（Palaver）」と呼ぶものである。これは「コミュニティがその問題に直面し、その相違に立ち向かい、協働的な未来に向かって作用する過程」のことで「お互いの話を聞き、衝突する主張を計算し、一緒に前進するためのコミュニティの利害関係者の会合」としている。コミュニタリアニズムの見地からは、白人至上主義者のような嫌悪者を嫌悪するということは、決してその戦略たり得ない。白人至上主義者さえも手間のかかる話し合いに招かれなければならないのである。つまり、嫌悪者であっても同じコミュニティの成員であり、無視してはならないのである[41]。

　具体的なヘイト・スピーチへの対処の仕方としては、まず「本書は人によっては不可能な対策と呼ぶかもしれないものを提示する。怒りを顕わにして敵対者が戦争の準備をしているのに平和の旗を振っているようなものとして我々は馬鹿にされるかもしれない。本書の中に記述した解決は素人くさい、できの悪いものとみられるかもしれない」と、ことわった上で「我々はコミュニタリアニズム的対話（Communitarian Dialogue）と和解（Reconciliation）を提案する。我々はヘイト・スピーチの見方、対応、心構え等の変更を提案する」とする。コミュニタリアニズム的対話とは、対話において「もはや平等な機会を主張しない」というもので、極化するような深刻な対話の前の「積極的傾聴（Active Listening）」を提唱するものである。それは最初のうち、侮辱や悪口に対して阻止や対抗手段をとらずに「我々は自発的な静寂、すなわち全く言葉のない時、を推奨する。そうして無音の時に何をするのか。たぶん相手の存在のみでは汚れた論理や激しい権利要求ができないだろう。沈黙の対話から始めよう。もちろん、常にコミュニ

タリアニズム的解決は新しい社会的な解決に達する言葉の流れの中に最終的には引き込もうとする。和解は決して黙って達成はしない。しかし最初に、居合わせた人を考慮に入れた沈黙を考えよう」というものである[42]。

　コミュニタリアニズム的対話を具体的に進めていくためには、第1に、自らが犠牲者であるということの正当性を疑うこと、とする。お互いに咎められるべき位置、変化への責任ある位置に立っているという事を見出すべきだ、というのである。それは「傲慢すなわち『全ての過失は他者にあるとする信念』という無駄と、孤立主義すなわち『面倒なことは一人で生活していればうまく解決されるとする信念』という幻想に取り組む」ことで、「我々は犠牲者ではなく、共犯者である」というふうにお互いに変えなければならない、とする[43]。つまり、嫌悪すべき相手がいるからヘイト・スピーチという現象が起こるのであって、一方的に起こるのではない、ということである。そのため嫌悪される側であっても、自身の存在がヘイト・スピーチを引き起こす一つの原因となっている、ということを認識した上で対話に臨むべき、ということである。

　第2に、人種嫌悪のエスカレートを拒絶すること、とする。コミュニタリアンは「人種嫌悪が癌のようで悪質なものかもしれないが、致命的ではないと信じている」とし、それを説明できるものは希望である、とする。常に希望があれば、他者の人道性を肯定する結果を期待して自身の最良の努力ができるので、人種嫌悪は世の中の必然的なものではなく、コミュニタリアニズムの方法において、除去可能である、とする[44]。つまり、お互いがヘイト・スピーチの原因であるのならば、それを除去できるのもまたそのお互いである。そのような希望をもって、嫌悪者に接すれば、人種嫌悪はエスカレートすることなく、時間はかかるかもしれないが、最終的には除去できる、ということである。

　第3に、法的な規制ではなく、共通善としての合意を目ざすこと、とする。コミュニタリアニズム的対話は「ありもしない明確な国の指針の中にヘイト・スピーチを封じ込めるためではなく、ヘイト・スピーチが破滅への道であり、それゆ

え感情的にも政治的にも無益なものであるという相互の認識のための努力へと向けたものである」とする。そしてアメリカのような「多様性が移民と先住民の国にもたらす社会的な複雑さは、善のための間違った標準を設定することによって、善を見出す事が不可能になる」ので、ヘイト・スピーチがまかり通るようでは誰も繁栄しない、というのである[45]。これは日本でも主流の、ヘイト・スピーチの法規制に関する議論全体への批判にも繋がるものである。憲法で言論の自由を保障している限り、明確な定義を設けなければ、ヘイト・スピーチは規制できない。しかし、実際に憲法で保障する言論に含まれないヘイト・スピーチの境界線を明確に設けようというのは、容易ではない。そんな明確に規定できるかどうかわからない法的規制を考えているよりも、同じコミュニティの成員として嫌悪者と共通善を見出す方向で対話し、合意を目ざす方が優先されるべきだ、という考え方である。ジャーナリストも、同様の方向へ向かって活動すべき、ということである。

第4に、人種嫌悪に深く埋め込まれた訴えにうまく対処するための現実的な代案を目ざすこと、とする。そうした代案は人格として他者を認識し、相互の幸福へ向かう社会的努力を組織化し、個人の自律の概念によって作り上げられた「人間の権利（Rights of Man）」を掲げ擁護する戦略を与えるためのものである、とする。なぜならば、「個人の権利（Individual Rights）」の主張もまた破滅へと導くもの、と考えるからである。というのは、我々は混沌とした、競争的な世界の中の、バラバラな原子のようなものではない、と考えるからである。我々は、栄え行く人間の発展のための文化を構築する努力において、互いに補完するために、相互の必要に応じて自身を結びつけ合うのであり、我々が話をするということは、我々が、肌の色と関係なく個人的なエネルギーが他の誰かの人生を改善することに向けられる時育まれる「相互関係（Mutuality）」で結ばれた人々である、ということを反映すべきである、とする。コミュニタリアニズムは人間の相互関係を強化するための戦略である、と考えるのである[46]。つまり、個々人の権利の主

張を優先させるのではなく、コミュニティの成員全員が幸福であるための方策をみんなで考えるようにしよう、ということである。この場合嫌悪者もコミュニティの成員として相互関係で結ばれるべく、一緒に社会的な努力を担っていくべき存在として扱われるべき、ということである。

　コミュニタリアン・ジャーナリズムの見地は「憲法修正14条の法の平等なる保護と正当な法の手続きを憲法修正1条よりも強調する。平等なる保護なくして、言論の権利は多数派権力によって弱められ、技術を所有する人々に奉仕させ、少数派の声を遠ざける傾向がある[47]」として、平等あっての言論の自由という立場をとる。ヘイト・スピーチについても、同様の見地から検討を加えている。

　しかし手間のかかる話し合いは、法的な命令によって強制することはできない。それゆえ「忍耐強い傾聴（Patient Listening）」から「時間を要する合意形成（Slow-burn Consensus-making）」に至る手間のかかる話し合いをうまく成し遂げるためには、「若者を教育しなければならない。手間のかかる話し合いを知るに至った仲介者や代弁者は明日の教師であり合意形成の指導者である[48]」とするのである。この考え方は、まさにクリスチャンズがコミュニタリアン・ジャーナリズムの重要な目的としてあげるトランスフォーメーションである[49]。

　またコミュニタリアン・ジャーナリズムは、たとえその時点では嫌悪者を嫌悪するべき状況であったとしても「憎しみを最終的な言葉にさせない。公的な議論はそこで終わることはできない。もし終わってしまうならば、明日集まるコミュニティは存在しない。嫌悪者を嫌悪することは単に論争を媒介することであって、目的ではない[50]」としている。これもクリスチャンズのコミュニタリアン・ジャーナリズムで主張される、単なる事実報道の否定[51]と通底する考え方である。つまり、ヘイト・スピーチ報道におけるジャーナリストの役割は、手間のかかる話し合いを成し遂げるために、市民をトランスフォームすることである。したがって、ヘイト・スピーチにかかわる事実をただ単にそのまま報道することは、ジャーナリストの行うべき報道ではないのである。

3.5 おわりに

　ジャーナリズム倫理学にも、種々のアプローチが存在する。

　リバタリアン・アプローチ[52]の見地からヘイト・スピーチ報道を検討すれば、報道するかどうかは個々のジャーナリスト次第である。当該ヘイト・スピーチが直接的で深刻な物理的害をもたらす場合は、事件報道として報道するだろうが、その場合でも、主張されている内容を伝えるかどうかは、個々のジャーナリストの判断による。もし非倫理的で、多くの人に伝えるべき内容ではない、と当該ジャーナリストが判断したのならば、主張されている内容そのものを取り上げる必要はない。伝えない、という選択が可能なのである。つまりヘイト・スピーチを行うような嫌悪者を対等な議論の相手とする必要はないのである。取り上げるとか、取り上げないが自由というのは、ある意味で言論の自由の理想なのかもしれない。しかしヘイト・スピーチの問題に対しては、何ら根本的な解決にはならない。ジャーナリズムは、ヘイト・スピーチの問題には関与しない、という意味にしかならないのである。

　リベラル・アプローチ[53]の見地からヘイト・スピーチ報道を検討すれば、個人の権利としての「言論の自由」は保障されなければならない。もちろん権利の濫用は許されないし、ロールズの自然本性的な義務に反するような嫌悪表現は、憲法で保障すべき言論に含まれないが、問題なのはその線引きである。規制されるべき嫌悪表現とは何かが、明確に規定されなければ、違憲となる権利侵害の可能性があり、規制は許容されるべきではない。しかしヘイト・スピーチは、政治的な演説等に含まれることもあり、明確に規定するのは難しい。結果として、嫌悪表現が野放しになり得る。それゆえ白人至上主義者の唯一の盟友は、リベラリストである、という指摘がある。そのリベラリズムへの忠誠心が一貫しているため、白人至上主義者からみれば、自由の名において敵対者の正当性の愚かさを明

確にするために戦ってくれる、と考えるというのである。そうではなくとも、個人の権利を尊重し、意見が対立した場合は、多数決で決定する一般的なリベラリズムでは、少数派の声がかき消されてしまう場合がある。トランプ現象をみればわかるように、たとえある一定の民族等を差別するような意見であっても、多数派を形成してしまえば、強要される場合も出てくるのである。それは結局コミュニティの人と人との関係を破壊し、コミュニティのためにはならない。「破滅への道」ということである。

コミュニタリアン・アプローチにしても、積極的傾聴とはジャーナリストが取材時に行うのか、紙面等を割いてメディアのコンテンツとして、ヘイト・スピーチの内容そのものを伝えろという意味なのか不明である。クリスチャンズのこれまでの研究を踏まえて考えれば、両方ということだろう。つまり、ジャーナリストが取材において積極的傾聴を行い、誤解や被害が生じないように、ヘイト・スピーチ報道を行う。その報道はヘイト・スピーチを行う嫌悪者の側と嫌悪される対象の側の双方を、コミュニタリアニズム的対話に持ち込めるようにトランスフォームするためのものである。このように捉えるべきだろう。ただし、そうであれば受け手側にコミュニタリニズム的対話、すなわち熟議をする気持ちがなければ、いかなる報道も無意味ということになる。

ヘイト・スピーチの内容そのものを伝えることには、いろいろと問題があることは指摘した。単なる事実報道や単なるヘイト・スピーチ批判の報道であれば、ヘイト・スピーチそのものの内容を詳しく伝える必要はあるだろう。事実報道というからには、事実をありのままに伝えなければならないだろうし、批判をするのであれば、どのような内容を批判するのか明確にする必要があるからである。特に批判報道の場合、相手のどのような主張を批判するのか詳しく伝えなければ、真実に反する偏向報道にもなりかねない。

ただし、コミュニタリアン・ジャーナリズムが目指すような、受け手のトランスフォーメーションを目的とした報道であれば、人の尊厳を傷つけるような表現

を省いて、嫌悪者の側の論理を説明することは、必ずしも不可能ではないだろう。コミュニタリアニズム的対話のためのヘイト・スピーチ報道というのは、ジャーナリストの行為規範の一つとして考えられるだろう。

　その場合の一番の問題点は、やはり受け手の側に熟議をする気があるかどうかである。そのために、ジャーナリストは熟議を促す必要がある。誰もが情報発信者となれる今日、ジャーナリストの倫理はただ単に、どのような情報を伝えるかという問題にとどまらなくなっている。当該の問題を論ずることにどれほどの意味があるか、その問題をどのように論じていくべきなのか、そうしたことを訴えることにも及んでいる。専門職としてのジャーナリストは、ただ単に情報を発信するだけではなく、問題となる情報の受発信を円滑に進める役割を担う必要があるように思える。ジャーナリズムの倫理がそのように認識すべきところに来ていることを、ヘイト・スピーチ問題は示しているのである。

注

(1) ヘイト・スピーチの法規制に関しては、Waldron, Jeremy (2012=2015) *The Harm in Hate Speech*. Cambridge:Harvard University Press. (ジェレミー・ウォルドロン　谷澤正嗣・川岸令和訳『ヘイト・スピーチという危害』みすず書房)、師岡康子 (2013)『ヘイト・スピーチとは何か』岩波書店、前田朗 (2015)『ヘイト・スピーチ法研究序説—差別扇動犯罪の刑法学—』三一書房、桧垣伸次 (2017)『ヘイト・スピーチ規制の憲法学的考察 表現の自由のジレンマ』法律文化社、参照。
(2) 訳文は外務省ホームページ http://www.mofa.go.jp/mofaj/gaiko/jinshu/conv_j.html。2018 年 7 月 15 日アクセス。
(3) 訳文は外務省ホームページ http://www.mofa.go.jp/mofaj/files/000060749.pdf。2018 年 7 月 15 日アクセス。
(4) 訳文は同ホームページ。2018 年 7 月 15 日アクセス。

(5) 地方自治法第 99 条　普通地方公共団体の議会は、当該普通地方公共団体の公益に関する事件につき意見書を国会又は関係行政庁に提出することができる。
(6) 公益財団法人人権教育啓発推進センター（2016）『平成 27 年度法務省委託調査研究事業ヘイト・スピーチに関する実態調査報告書』130-132 頁。
(7) 朝日新聞 2016 年 6 月 3 日。
(8) 朝日新聞 2016 年 8 月 4 日。
(9) Christians, Clifford G., Fackler, Mark, Richardson, Kathy Brittain, Kreshel, Peggy J. & Woods, Robert H. JR. (2017) *Media Ethics: Cases and Moral Reasoning. 10th ed.* New york:Routledge. pp.11-26. は、徳、義務、功利性、権利、愛の五つに基づく倫理学原理を倫理学の古典的な理論と位置づけ、ジャーナリストの倫理的な指針としている。この五つの中の代表的なものとして、徳はアリストテレスと孔子、義務はカントとイスラム教、功利性はミル、権利はロールズ、愛はユダヤ教—キリスト教とノディングズを取り上げている。
(10) 高田三郎訳『アリストテレスニコマコス倫理学上』岩波書店 2006 年 60 頁。
(11) 同書 158 頁。
(12) 同書 164 頁。
(13) 同書 166 頁。
(14) Kant, Immanuel (1786=1976) Grundlegung zur Metaphysik der Sitten, in: *Immanuel Kants Werke*, ed. Ernst Cassirer, Berlin, Bd. Ⅳ ,1922. S.149.（篠田英雄訳『道徳形而上学原論』岩波書店 22 頁）。
(15) Ebd., S.257（同書 39 頁）。
(16) Ebd., S.256-257（同書 38 頁）。
(17) Ebd., S.286.（同書 101 頁）。
(18) Ebd., S.287.（同書 102-103 頁）。
(19) Ebd., S.288.（同書 105 頁）。
(20) Ebd., S.289.（同書 107 頁）。
(21)（3）Mill, John Stuart (1859=1971)（reprint 1948）*On Liberty*. Oxford: Basil Blackwell. pp.14-15.（塩尻公明、木村健康訳『自由論』岩波書店 36-37 頁）
(22) Ibid. p.8.（同書 24 頁）。
(23) Ibid. p.9.（同書 24-25 頁）。
(24) Ibid. p.11.（同書 29 頁）。
(25) Mill, John Stuart (1861=1967) "Utilitarianism ,"in Robson, J. M. (ed.)(1969) *Essays on Ethics, Religion and Society*. Toront: University of Toronto Press. p.218.（伊原吉之助訳「功利主義論」『世界の名著 38 ベンサム J.S. ミル』中央公論社 478 頁）。
(26) Rawls, John (1971=2010) *A Theory of Justice*. Cambridge: Harvard University Press.

(27) Ibid. p.114.（同書153-154頁）。
(28) Ibid. pp.114-115.（同書154頁）。
(29) Ibid. p.337.（同書446頁）。
(30) Ibid. p.338.（同書447頁）。
(31) Noddings, Nel（1984=1997）*Caring: A Feminine Approach to Ethics and Moral Education.* Berkeley: University of California Press. p.1.（立山善康、林泰成、清水重樹、宮崎宏志、新茂之訳『ケアリング倫理と道徳の教育―女性の観点から』晃洋書房1頁）。
(32) Ibid. p.4-5.（同書7頁）。
(33) Ibid. p.78.（同書123頁）。
(34) Ibid. p.74.（同書117頁）。
(35) 福田充（2010）『テロとインテリジェンス覇権国家アメリカのジレンマ』慶應義塾大学出版会190-193頁。
(36) 福田充（2009）『メディアとテロリズム』新潮社11頁。
(37) Christians,Clifeord G., Fackler, Mark & Ferré, John P.（2012）*Ethics for Public Communication: Defining Moments in Media History*, Oxford University Press. なお同書の位置づけについては、拙論（2017）「書評 Clifeord G. Christians, Mark Fackler & John P. Ferré *Ethics for Public Communication: Defining Moments in Media History*, Oxford University Press, 2012」『ジャーナリズム＆メディア』第10号日本大学法学部新聞学研究所237-240頁参照。
(38) Ibid. p.142.
(39) Ibid. pp.141-142.
(40) Ibid. p.145.
(41) Ibid. pp.146-147.
(42) Ibid. p.143.
(43) Ibid. pp.143-144.
(44) Ibid. p.144.
(45) Ibid. pp.144-45.
(46) Ibid. p.145.
(47) Ibid.
(48) Ibid. pp.146-147.
(49) クリスチャンズは「公衆を単なる受け手の地位にとどめず、ある出来事に関するニュースを誰もが納得いくように報道し、誰もが自らの意見を表明できる」ようにトランスフォームすることが、コミュニタリアン・ジャーナリストの役割と考える。拙著（2010）『ジャーナリズム倫理学試論―

ジャーナリストの行為規範の研究―』南窓社参照。
(50) Christians, Clifeord G., Fackler, Mark & Ferré, John P.（2012）op.cit p.147.
(51) クリスチャンズは、コミュニティのための報道をするのが、コミュニタリアン・ジャーナリストの役割であって、そのような価値観が入った報道を肯定している。それに対して、ただ単に事実を伝えるだけの報道には否定的である。前掲拙著参照。
(52) 代表的な研究者としては、ジョン・C・メリルがあげられる。前掲拙著参照。
(53) 代表的な研究者としては、エドマンド・B・ランベスがあげられる。前掲拙著参照。

第4章

「極化」報道の実証研究（マクロ）

—— 日本人の韓国に対する評価・感情変化に関する仮説 ——

4.1 はじめに

　偏向極化研究の一環として、その現象が起こる原因を実証的に研究できないか、ということが我々の目標である。実証研究の対象を探すなかで、たどりついたのが「嫌韓」である。2005年に刊行された「マンガ嫌韓流」に端を発した嫌韓本ブーム、2006年末に結成され、2009年ごろから街頭での行動を活発化させた「在日特権を許さない市民の会」、さらに2013年には、東京・新大久保と大阪・鶴橋という東西の代表的なコリアンタウンで、デモや街宣が毎週末のように行われ、同年末には「ヘイトスピーチ」が流行語大賞のベストテンに入るなど、日本と韓国に横たわる問題の一角が社会問題化した。

　しかし「嫌韓」は、突然に起こるものはない。その前提には、我々日本人の中にある「韓国」に対するさまざまな感情があるだろうと考えた。そこで、第一歩として、日々人々が接する新聞の報道が、日本人の韓国に対する感情にどのような影響を与えているのかを考察することとした。

4.2 仮定の設定

〔1〕新聞の報道は「客観的」か？

　日本の新聞社は、客観的な報道を標ぼうしている。言い換えれば「客観報道」ということになるが、「客観報道」という言葉の定まった定義はないと言っていい。伊藤高史は、「非常に奇妙なことに、客観報道についていろいろと議論されるようなことはあっても、『客観報道』という言葉を定義していないというような場合があり、定義らしいものが与えられていたとしても、不十分な場合が多いのである」[1]としている。しかし、定まった定義はないとしても、本稿における「客観報道」の概念は示しておくべきだろう。原寿雄は、「客観報道とは、ニュースの報道にジャーナリストの主観、意見を入れないことをいう」[2]としている。藤田真文は、「ニュース・テクストにおける客観性とモダリティ」という論考で、「客観性概念の仮説的定義」として次のように指摘する。ニュース・テクストの「客観性」、より広義には「客観報道」の問題は、マス・コミュニケーション論、ジャーナリズム論の中心的な論題であるとし、ニュース・テクストの制作者が客観性を要求される場合には、次の2つの原則のどちらか、あるいは両方が想定されるとして、①（報道する）事実をまげないこと＝事実性原則、②（報道する者の）意見を含まないこと＝没評論性だと定義する。

　原、藤田の考え方を踏まえ、本稿では、正確な事実を主観や意見を挟みこまないこと、「公平」「公正」な報道というものを「客観報道」と捉えていきたい。

　新聞社104社、通信社4社、放送22社と日本を代表するマスメディアが加盟する日本新聞協会は、新聞界の報道スタンスを示した「新聞倫理綱領」を定めている。その前の中で「おびただしい量の情報が飛びかう社会では、なにが真実か、どれを選ぶべきか、的確で迅速な判断が強く求められている。新聞の責務は、正確で公正な記事と責任ある論評によってこうした要望にこたえ、公共的、文化的

使命を果たすことである」としている。また前文の後には、「自由と責任」「正確と公正」「独立と寛容」「人権の尊重」「品格と節度」との 5 項目でさらに具体的な考え方を述べている。「正確と公正」では、「新聞は歴史の記録者であり、記者の任務は真実の追究である。報道は正確かつ公正でなければならず、記者個人の立場や信条に左右されてはならない。論評は世におもねらず、所信を貫くべきである」と掲げ、改めて新聞の報道は「正確」「公正」であり、「記者の立場や信条に左右されない」とし、「客観報道」の立場を示している。

　個別の社においても、朝日新聞綱領で「真実を公正敏速に報道し、評論は進歩的精神を持してその中正を期す」。読売信条では「真実を追求する公正な報道、勇気と責任ある言論により、読者の信頼にこたえる」。毎日新聞社編集綱領では、「われわれは、憲法が国民に保障する表現の自由の意義を深く認識し、真実、公正な報道、評論によって国民の知る権利に応え、社会の公器としての使命を果たす」とし、各社ともに公正＝客観報道を行っていく旨を宣言している。

　一つの事例として日韓問題の一つである「竹島 / 独島」に関する日本の新聞の記述を紹介したい。日本政府は竹島について「歴史的事実に照らしても、かつ国際法上も明らかに日本固有の領土です。韓国による竹島の占拠は、国際法上何ら根拠がないまま行われている不法占拠であり、韓国がこのような不法占拠に基づいて竹島に対して行ういかなる措置も法的な正当性を有するものではありません」[3]との立場を示している。詳しくは後に触れるが、韓国の李明博大統領が、竹島に上陸した際、日本の新聞各紙は次のように竹島を表現している。「領有権をめぐり日韓で対立が続く島根県・竹島」（読売新聞 2012.8.11）、「日韓がともに領有権を主張する竹島」（朝日新聞 2012.8.10）、「日本と韓国の双方が領有権を主張する竹島」（日経新聞 2012.8.10）。これに対し、韓国の新聞では、「わが領土の独島」と表記されているという。日本の新聞はこうした点からみても日韓が双方が自国領土を主張していることを明確にしているという意味で「公平」「公正」といえるのではないか。

〔2〕受け手は新聞報道を客観的と受け止めているか？

　一方、受け手は、新聞の報道をどう捉えているか。読売新聞社が、10月の「新聞週間」に合わせて毎年行っている「全国世論調査」では、「あなたは、新聞が事実やいろいろな立場の意見など公平に伝えていると思いますか、そうは思いませんか」と、「あなたは、全体として、新聞の報道を信頼できますか、信頼できませんか」という質問を継続的に実施している。表 4.1 は、1985 年からの 5 年毎と、最新の調査結果をまとめたものである。「十分公平に伝えている」「だいたい公平に伝えている」の合計は、1985 年は 77.4％であったが、徐々に減り、2017 年は 60.0％となったが、現時点でも 6 割の人は新聞は公平に伝えていると評価している。また、「大いに信頼できる」「だいだい信頼できる」は、「公平」よりも高い評価を受けている。「公平」同様に年々減少傾向にあり、1985 年の 89.3％から 2017 年は 76.0％まで低下した。しかし、これも新聞に対する信頼度は十分に高いと捉えてよいだろう。

　1995 年と 2005 年には、「あなたは、全体として、テレビの報道を信頼できますか、信頼できませんか」という質問も行っている。「大いに信用できる」「だい

表 4.1　新聞は、公平か信頼できるか

	1985年	1990年	1995年	2000年	2005年	2010年	2015年	2017年
十分公平に伝えている	9.5%	8.4%	12.2%	14.5%	15.7%	17.0%	3.0%	4.0%
だいたい公平に伝えている	67.9%	67.8%	63.7%	55.4%	52.9%	53.0%	61.0%	56.0%
計	77.4%	76.2%	75.9%	69.9%	68.6%	70.0%	64.0%	60.0%
大いに信頼できる	14.3%	17.3%	16.9%	18.0%	23.6%	22.0%	6.0%	5.0%
だいたい信頼できる	75.0%	73.6%	73.8%	64.8%	61.9%	65.0%	71.0%	71.0%
計	89.3%	90.9%	90.7%	82.8%	85.5%	87.0%	77.0%	76.0%

※「十分公平に伝えている」は、1985 年、1990 年については、「非常に公平に伝えている」との表現

※読売新聞（縮刷版）が、各年 10 月に特集した「新聞週間」の記事に掲載された「全国世論調査結果」より筆者が作成

たい信用できる」の合計は、1995 年が 73.9％、2005 年が 60.5％となっている。テレビを「信用できる」が、新聞の「信頼できる」と同様の傾向で下がっていると想定すると、現時点でも 5 割以上はテレビを「信頼できる」と推測できる。

また、特定非営利活動法人「言論 NPO」は、2013 年から実施している「日韓共同世論調査」で、日韓両国の相手国に関する自国の報道が客観的で公平かといったことや、情報入手経路を調査している。表 4.2 は日韓両国で、「日韓関係の報道に関して自国のメディア報道は客観的で公平か」を聞いた結果である。日本人は、全ての年で「どちらとも言えない／わからない」が 4 割から 5 割と最も多い回答となっている。一方、韓国は、全ての年で「そう思わない」が 4 割から 6 割近くで最も多い回答となっている。日本人の「そう思う」は、2013 年には 31.3％であったが、年々徐々に減少し、2016 年には 21.3％まで下がった。2017 年は約 2 ポイント上昇し 23.2％となっている。韓国人の「そう思う」は、2013 年と 2017 年を除いて日本を下回っている。一方、「そう思わない」は、日本人に対して韓国人が 15.4 ポイントから 31.9 ポイント、常に高いという結果が出ている。こうしたことから、複雑な日韓関係において、韓国人に比べると日本人は自国の報道が「客観的で公平」だと判断していることがわかる。

「日韓共同世論調査」では、相手国や日韓関係についての情報源も調査している。日本人の韓国や日韓関係についての情報源は、ニュースメディアが 9 割とな

表 4.2 日韓関係の報道に関して自国のメディア報道は客観的で公平か

	第 1 回 (2013年)		第 2 回 (2014年)		第 3 回 (2015年)		第 4 回 (2016年)		第 5 回 (2017年)	
	日本	韓国	日本	韓国	日本	韓国	日本	韓国	日本	韓国
そう思う	31.3%	33.0%	27.0%	22.7%	28.8%	26.5%	21.3%	18.1%	23.2%	24.9%
そう思わない	26.2%	41.6%	24.2%	50.9%	28.2%	51.7%	27.0%	58.9%	29.3%	48.4%
どちらとも言えない／わからない	42.5%	25.4%	48.7%	26.4%	43.0%	21.8%	51.4%	23.0%	47.1%	26.7%
無回答	0.0%	0.0%	0.1%	0.0%	0.0%	0.0%	0.3%	0.0%	0.4%	0.0%

※特定非営利活動法人「言論 NPO」の「日韓共同世論調査」より筆者が作成

表 4.3　日本人の韓国や日韓関係についての情報源

情報源	第1回 (2013年)	第2回 (2014年)	第3回 (2015年)	第4回 (2016年)	第5回 (2017年)
日本のニュースメディア	—	91.5%	94.3%	92.1%	93.2%
日本のテレビドラマ・情報番組、情報作品	—	24.6%	24.5%	18.7%	19.5%
韓国のテレビドラマ・情報番組、映画作品	—	19.3%	18.1%	14.4%	11.7%

※特定非営利活動法人「言論NPO」の「日韓共同世論調査」より筆者が作成

っている（表4.3）。

　以上のことから、「日本人は、一定の客観性をもった新聞から韓国に関する情報を入手している」との仮定を設定したい。

4.3　他国とは、異なる日本人の韓国に対する評価・感情の変化

　内閣府が毎年実施している「外交に関する世論調査」というものがある。調査では、日本人を対象に、韓国をはじめ、アメリカ、ロシアなどの各国との関係について「良好か」「良好でないか」と、各国に「親しみを感じるか」「親しみを感じないか」という親近感を調べている。図4.1、図4.2は、アメリカ、ロシアに対する関係と親近感を表したものである。アメリカとの関係は、「良好だと思う」「親しみを感じる」がほぼ7割から8割の間で推移し、逆に「良好だと思わない」「親しみを感じない」は、1割から3割で推移している。多くの日本人は、一貫してアメリカに対しては、関係は良好であり、親しみを感じている国と捉えていることが分かる。一方、ロシアはその反対で、「良好だと思わない」「親しみを感じない」が5割から9割近くの間で推移し、「良好だと思う」「親しみを感じる」が1割から4割の間で推移している。一方、図4.3は中国に対するもの。アメリカ、

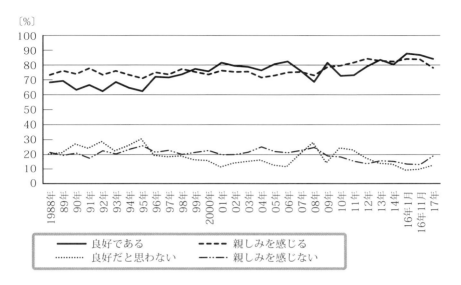

図 4.1 アメリカとの関係と親近感

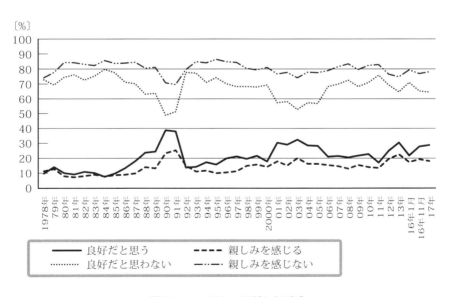

図 4.2 ロシアとの関係と親近感

4.3 他国とは、異なる日本人の韓国に対する評価・感情の変化

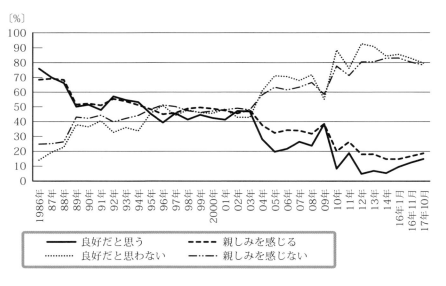

図 4.3 中国との関係と親近感

　ロシアとは異なり、1980年代は、「良好だと覆う」「親しみを感じる」が高かったが、1989年の天安事件を境に変化を見せ、2003年以降は、「良好だと思わない」「親しみを感じない」が高い傾向を示している。

　図4.4のとおり、韓国はアメリカ、ロシアとも、中国とも異なる傾向を見せている。1988年は、「良好だと思う」「親しみを感じる」が急激に上昇し、「良好だと思わない」「親しみを感じない」が大きく下降している。同様の傾向が2002年、2003年、2009年に見られる。また、その逆の現象、「良好だと思わない」「親しみを感じない」が急激に上昇し、「良好だと思う」「親しみを感じる」が大きく下降しているのが、1996年、2006年、2012年となっている。このように、日本人の韓国への評価・感情は年によって大きく変化している。

　こうしたことから、大きく変化があった年に日韓間で何か起こったのかを見て行きたい。

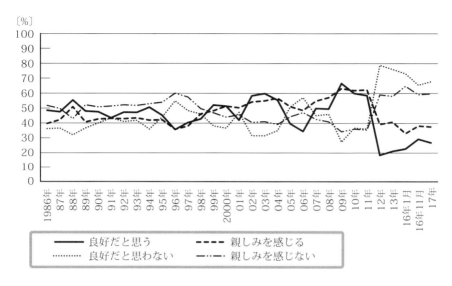

図 4.4 韓国との関係と親近感

4.4 日韓関係は「良好」であり「親しみを感じる」が高くなった年の動向

[1] 1988 年

「外交に関する世論調査」は、日韓関係について「良好」かどうかは 1986 年から、「親しみ」を感じるかどうかについては 1978 年から調査を行っている。1988 年は、「良好だと思う」「親しみを感じる」が共に、初めて 50％を超えた年である。逆に「良好だと思わない」（32.0％）、「親しみを感じない」（42.9％）は共に調査開始以来、最低の数値となっている。

1988 年の日韓関係について外交青書（1989 年版）は、「日韓関係が極めて良好に推移するなか、88 年 9 月には、竹下総理大臣が韓国を訪問し、ソウルオリンピックの開会式に出席した」[4]としている。この"日韓関係は極めて良好"の背

景にある動きを見てみたい。

韓国では、1987年6月、盧泰愚氏が民主正義党の代表として、大統領直接選挙を実施するための改憲や、言論の自由化などの「民主化宣言」を発表した。そして、盧泰愚氏は、新たな選挙制度の下で同年12月の大統領選に当選、1988年2月に大統領に就任した。こうした韓国の民主化への政治動向への関心が日本人の中に高まるともに、軍事政権色が強かった全北斗煥時代とは異なり、市民社会が構成されていくという韓国政治が大きく変化する過程が、日本人の韓国に対するイメージに大きな変化をもたらしたと想定できる。

1988年の9月17日から10月2日に開催されたソウルオリンピックは、12年振りに東西の諸国が参加したオリンピックとなった。1980年のモスクワオリンピックは、1979年12月に起きたソビエト連邦のアフガニスタン侵攻の影響を強く受け、冷戦でソビエト連邦と対立するアメリカのカーター大統領が1980年1月にボイコットを主唱し、日本、西ドイツ、韓国、中国など50数か国がボイコットを決めた。1984年に開催されたロサンゼルスオリンピックは、モスクワ大会の報復として、ソビエトや東欧諸国など16の国と地域が参加をボイコットした。ソウルオリンピックは、東西諸国が参加、参加選手団は160カ国・地域の1万3,626人[5]にのぼり盛大に開催された。

先に紹介した韓国の政治的動きとともに、ソウルオリンピックを前にマスメディアでは、韓国に関する情報が大量に流されたと想像できる。そうした状況の一端を、『戦後日韓関係史』では、次のように紹介している。「ソウルオリンピックを前にして、『韓国ブーム』が起こり、旅行・料理・芸能などの面で韓国が注目されるようになった。1984年、NHKの語学番組で『アンニョンハシムニカ・ハングル講座』の放送が開始され、『ソウルの練習問題』や別冊宝島の『韓国・朝鮮を知る本』が刊行された。韓国の国民的歌手・趙容弼の「釜山港へ帰れ」がロングヒットして、87年のNHK紅白歌合戦に出場した。日本の食生活にキムチが浸透していったのも、このころである。こうした日本の『韓国ブーム』は、オリンピ

ックに便乗した側面が強かったが、以前は感心すらなかった韓国に注目し、実際に訪れる人が増え始めた。『新しい韓国の姿』の多様な側面が、多様なチャンネルを通じて日本に伝えられ、国交正常化から 20 年を経て、韓国の文化や人々の暮らしに関心が向けられるようになった」[6]。

〔2〕 2002 年、2003 年

「外交に関する世論調査」では、韓国との関係を「良好だと思う」が、2002 年 58.3％、2003 年 59.8％と過去最高で約 6 割に達した。「親しみを感じる」は、2002 年 54.2％、2003 年 55.0％、そしてさらに 2004 年は 56.7％までに上昇している。一方、「良好だと思わない」は、2002 年、2003 年ともに 31.5％で過去最低。「親しみを感じない」は、2002 年は 40.5％で過去最低、2003 年は 41.0％となった。

2002 年に開催された FIFA ワールドカップ・日韓大会は、ワールドカップ史上初の 2 カ国開催であった。また、日韓両国のワールドカップ共催を重要な機会と捉え、政府間だけでなく、幅広い分野で多くの国民の参加を得て、交流事業を推進していくという趣旨で、2002 年は、「日韓交流年」と位置づけられてもいた。

5 月 31 日から 6 月 30 日まで開催されたワールドカップ・サッカー大会は、韓国で行われた開会式に小泉首相が出席した。一方、日本で行われた決勝戦・閉会式には、金大中大統領夫妻が出席した。大会では、日本が予選を勝ち抜きベスト 16 入り、韓国はベスト 4 となるなど日韓両チームが活躍した。大会の盛り上がりとともに、日韓両国のトップが互いの国を訪問することなどを受けて、外交青書 2003 年版では「大いに盛り上がり、両国の友好関係は飛躍的に向上した」[7]と高く評価している。

2002 年の視聴率ランキングをみると、トップは、「ワールドカップ日本対ロシア戦」（66.1％）、2 位は「同ドイツ対ブラジル戦」（65.6％）など、トップ 10 は 8 位の「第 53 回 NHK 紅白歌合戦」（47.3％）を除き、すべてワールドカップの

試合中継となっており、日韓大会が日本国内で非常に盛り上がったことが分かる。6位には韓国対ドイツ戦（48.3%）が入っているがこの準決勝戦について、白眞勲・朝鮮日報日本支社長が次のように記述している。「ワールドカップといえば、これは朝鮮日報の記者から言われて知ったのですが、『日本人が韓国を応援してくれている』『日本は負けたから、韓国を応援しよう』。そういう動きがあったとは信じられませんでした。どうせ小さな事実を大げさに言っているのではないかと、最初は疑いました。しかし、決勝ラウンドでの韓国戦の中継の視聴率も高かったし、何よりもお金を払って、韓国の戦いぶりを、国立競技場で見た人もたくさんいたわけです」[8]。

こうした状況から、ソウルオリンピックの際と同様に、日韓大会の開催前から開催後までワールドカップ関連情報だけでなく、マスメディアにおいて韓国の文化などの紹介が相当量行われたと想定される。

一方、日韓共催を機に実施された「日韓交流年」は、1999年9月に行われた小渕首相大臣と金鍾泌韓国国務総理との会談において、小渕首相が提案したもの。外交青書2003年版によると、新年の日韓両首脳によるテレビ・メッセージの交換、日本の大学入試センター試験に韓国語の導入（1月）のほか、年間を通じて840件以上の各種行事が行われた[9]。

2002年に行われた行事を幾つか挙げてみると、日韓宮中音楽交流演奏会の開催、朝鮮通信使再現事業。さらに、日韓共同DC「The Monsters」の発売、長瀬智也が出演した日韓共同制作映画「ソウル」の上映、日韓合作テレビドラマ「フレンズ」の初の日韓放送などが挙げられる。「The Monsters」は、それまで韓国では日本語CDの発売が禁止されていたため、ソニーミュージックによると「このアルバムが韓国で日本語詞楽曲発売第1号となる歴史的にも非常に価値のあるアルバム」[10]と位置付けられている。

2002年は、韓国ドラマが日本で放送され始めた年でもある。新・調査情報40号（2003/3-4）では、「韓国ドラマがやってきた」の記事の中で韓国ドラマの放

送状況について次のように記述している。日本で初めて韓国の連続ドラマが完全放送されたのは 1996 年であったが、2002 年は「W 杯の年が実質的な韓国ドラマ元年となった」と位置付けている。まず、「秋の童話〜オータム・イン・マイ・ハート」というドラマが、「3 月の BS 日テレと皮切りに 9 つの地方局が単独でそれぞれ異なる時期に放送した。BS 日テレで 4 回、東京 MX や広島ホームテレビで 2 回と、数回放送した局もあり、日本のどこかで常に『秋』が流れていたことになる。有料放送でもホームドラマチャンネルが 2 回放送した」。この「秋の童話」の主人公は、ウォンビンという韓国の俳優で、先に紹介した「フレンズ」に深田恭子の共演者として出演していた。このほか、テレビ朝日で「イブのすべて」、BS 日テレとホームドラマチャンネルで「カシコギ」、東京 MX で「新・貴公子」、また、2003 年 1 月からは BS 日テレで「星に願いを」が放送されたとしている。放送された番組のうち「秋の童話」に対する視聴者の反応についても紹介されている。ホームチャンネルの担当者が「試みに放送してみたら大変評判が良かった。個別の作品への反響としてはダントツに多い。放送中に再放送のリクエストがこんなに寄せられるのは初めて」と述べている。さらにこうした韓国ドラマの放送の盛り上がりを受けて、2002 年末には、TV　LIFE 別冊「韓国スター大好き」（11 月、学習研究社）、キネ旬ムック「韓国テレビドラマコレクション」（12 月、キネマ旬報社）が発行されたことも紹介している。

　そして、日本だけでなくアジアで韓流ブームのきっかけを作ったと言われる、「冬のソナタ」が、2003 年 4 月から NHK 衛星第 2 で放送される。2003 年 8 月 6 日の朝日新聞では、「韓国のドラマ『冬のソナタ』反響広がる　衛星第 2 で特番も」との見出しで、「『冬のソナタ』」の反響が広がり、同局は、独自に制作した出演者インタビューなどの特集番組を 8 日と 14 日に放送する」「局に寄せられた視聴者からの意見などは約 9,500 件、同名のノベライズ本（NHK 出版）も上下巻で計 28 万部の人気だ」とその熱狂ぶりを報じている。また、放送文化/2003 年冬号では、「計 16 本の海外ドラマを放送中だが、すべてのドラマに寄せられる問

い合わせの中で『冬のソナタ』が占める割合は5月には約6割、6月には8割まで至り、関連の意見・問い合わせメールや電話は、これまでおよそ1万3000件となった（86％が女性）。」「また、30代、40代、50代を中心に10代から80代までと幅広い視聴者の支持を受けているのが特徴だ」ともしている。

　「冬のソナタ」は、2004年4月からNHK総合で土曜夜11時枠での放送も始まり、最終回の視聴率は深夜枠にも関わらず「関東地区で20・6％、関西地区では23・8％」(11)を獲得した。韓国ドラマをきっかけに韓流ブームが起こり、日本経済新聞社の「2004年の商品番付」では、「韓流」が横綱となった。

　政治的な動きについては、2002年12月に行われた韓国大統領選で、盧武鉉政権が発足し、2月には小泉首相が大統領就任式出席のため訪韓し、盧武鉉新大統領と首脳会談を行った。そして、6月には、盧武鉉大統領が国賓として訪日、交流の拡大を通じ両国民間の信頼と友情を絶え間なく深化させ、両国関係を一層高いレベルへと発展させていく「日韓首脳共同声明」を発表した。こうした日韓の政治的な動きに対し、外交青書2004年版は、「日韓首脳会談を通じて日韓首脳間の個人的信頼関係が強化されたほか、テレビを通じた国民との対話等により盧武鉉大統領及び韓国に対する日本国民の親近感が一層増した」(12)と評価している。

[3] 2009年

　「外交に関する世論調査」では、韓国との関係を「良好だと思う」、「親しみを感じる」が、ともに2009年に初めて6割を超え、それぞれ66.5％、63.1％を記録した。一方、「良好だと思わない」「親しみを感じない」は、ともに過去最低。前者は、初めて3割りを下回り27.3％。後者は34.2％だった。

　この年の前後も韓国ドラマが数多く放送され、K－POPがはやるなど文化的側面での盛り上がりを見せている。2008年には、「冬ソナ」ブームを作ったペ・ヨンジュンが主演の韓国ドラマ「太王四神記」がNHK総合で放送（4月〜9月）された。また、K－POPスターの東方神起の「Purple Line」が、2008年1月

28日付の週間シングルランキングではじめて1位になるなどK－POPブームも起きた。

2008年に開催された北京オリンピックなどを契機に、BSデジタル放送視聴可能世帯数は、2008年の2,000万世帯から2009年には37％増え2,749万件となった。視聴可能世帯の割合も51.8％まで普及[13]し、人々のBS放送への関心が高まった時期でもある。2009年のBS放送の編成状況を見てみると、BS－TBSの編成本部広報宣伝部長が自社が編成している番組について、「現在、番組のジャンルでは、韓国ドラマ、地上波2時間ドラマの再放送、プロ野球などが主流です」[14]と述べている。また、BS朝日の編成局次長兼編成制作部長も、「過去の接触率調査でも、19時台のサスペンスドラマ、時代劇、韓国ドラマは良好な結果を出している」[15]と語るなど、BS放送における優良コンテンツとして、韓国ドラマが挙げられている。さらに韓国ドラマの放送は地上波でもキラーコンテンツとされている。2009年7月7日の朝日新聞では、視聴率が低迷し異例の7月改編をTBSが行うことを報じ、その改編の目玉として、午後3時台に日本の漫画が原作の「韓国版　花より団子」、4時台は、韓国時代劇「宮廷女官チャングムの誓い」を放送するとしている。

こうした韓国ドラマが日本人に与える影響について、早稲田大学の岩渕功一は、「テレビ文化は単なる娯楽の提供にとどまらず、社会に参加・帰属する意識を生んだり、自らの生やアイデンティティ、自己と他者の関係性について考え直す機会を人々に与える。テレビ番組の国境を越えた受容は、そうした社会的な参照点を多様化させており、国境を越えた新たな相互理解や関係性を生み出している」[16]と指摘している。

4.5 日韓関係は「良好」でなく「親しみを感じない」が高くなった年の動向

[1] 1996年

「外交に関する世論調査」は、日韓関係について、「良好」かどうかは1986年から、「親しみ」を感じるかどうかについては1978年から調査を行っているが、1996年は、「良好だと思わない」(54.9％)、「親しみを感じる」(60.0％)ともに過去最高値となった。同様に「良好だと思う」(35.6％)、「親しみを感じない」(60.0％)と過去最低値を記録した。

日韓には過去に起因する、歴史認識、竹島/独島、慰安婦などの問題が存在する。1996年は、竹島/独島問題が浮上する。漁業資源の管理権などが認められる200カイリの排他的経済水域（EEZ）の日本と韓国の境界を画定するための交渉が8月から行われた。交渉は、新たな水域設定を認めた国連海洋条約が日韓両国で批准され、国内法が整備されたことを受けて始まったものである。双方の政府が竹島/独島を自国の領土だと主張し、外交問題に発展した。さらには、同年10月の総選挙では、自民党が選挙公約に、靖国問題、尖閣問題とともに、「竹島の領有権については、わが国の領土であることを一貫して主張している。韓国側にあらゆる機会をとらえて主張し、わが国の立場を申し入れ、両国関係を損ねることのないよう平和的解決へ向けて外交努力を継続する」[17]と記述し物議を醸した。

また、慰安婦問題に関しては、1993年に元慰安婦に「おわびと反省」を表した河野官房長官談話が発表され、村山政権下の1995年に「女性のためのアジア平和国民基金」（女性アジア基金）が発足した。この女性アジア基金を巡っては、「本来は、女性の人権という普遍的な側面があったが問題が、韓国国内では日本政府の責任を問う側面が全面に出て、歴史問題の焦点になっていた。97年1月、アジア女性基金は、受領意志を表明した韓国の元慰安婦7名に、橋本龍太郎首相の手紙を添えた『償い金』を伝達したが、運動団体は責任を認めない日本政府によ

る「買収工作」であると反発し、基金を受領した元慰安婦も非難された。他方、日本社会では、慰安婦の存在自体を否定する主張や過去の歴史を反省して謝罪することへの批判が高まった」[18]と、日韓両国の国民感情に強い刺激を与えたと考えられる。

[2] 2006年

「外交に関する世論調査」は、日韓関係について、「良好だと思わない」が過去最高の57.1％に達し、「親しみを感じない」が47.1％となった。

小泉首相が、2001年から靖国神社に参拝をはじめ、在任中に計6回、参拝を続け、最後の2006年には、終戦記念日の8月15日に合わせて参拝した。毎年、首相の靖国参拝が韓国で問題として取り上げられる中、2006年の終戦記念日の参拝は大きな衝撃を与えたと想像できる。2006年には、靖国参拝以外に大きな問題は発生していない。外交青書2007年版によると、10月に安部首相が就任最初の外遊地として韓国を訪問し、盧武鉉大統領と首脳会談を行うなど、「日韓両国の政府間対話が緊密化し、両国関係が更なる高みへと飛躍した一年であった」[19]と評価している。一方、「4月、日韓双方のEZZの主張が重複する海域での日本の海底地形調査計画を巡り、日韓両国が対立した。7月には、EZZの主張が重複する海域及び竹島領海において韓国側が海流調査を行い、対立が再燃した」[20]とも期している。

この竹島／独島問題は、前年の2005年に島根県が「竹島の日」を制定、韓国国会が「日本国の独島領有権主張中断要求及び大韓民国、独島領有権守護決議案」を可決する。教科書検定の結果が公表され、竹島を日本の領土であることを明記した中学校の公民の教科書が合格し、韓国が抗議するといったことが起きている。こうしたことが、2006年の韓国との関係や感情に影響を与えたと思われる。

〔3〕2012 年

「外交に関する世論調査」は、日韓関係について、「良好だと思わない」が前年の 36.0％から倍以上の 78.8％まで急上昇した。「良好だと思う」は、前年から 40 ポイント以上落として過去最低の 18.4％を記録した。「親しみを感じない」も、59.0％と 1996 年の 60.0％に次ぐ数字となった。「良好だと思う」と「良好だと思わない」は、2000 年代に 3 回逆転しているが、1998 年以来、「親しみを感じる」が「親しみを感じない」を常に上回っていたが、2012 年には、「親しみを感じない」（59.0％）が「親しみを感じる」（39.2％）を大きく上回った。

2012 年は、竹島／独島問題が大きくクローズアップされた年である。年明けの 1 月 24 日、玄葉外務大臣が外交演説のなかで、「竹島問題は、一朝一夕に解決する問題ではありませんが、いうまでもなく、韓国側に対して、受け入れられないものについては受け入れられないとしっかりと伝え、粘り強く対応していきます」[21]と述べた。これに対して、韓国政府は発言の撤回を要求、野田首相が撤回を拒否するということが起こった。

8 月 12 日には、韓国の李明博大統領が現職の大統領として初めて、竹島／独島に上陸した。李大統領は上陸した理由について、「日本がその気になれば（日本軍慰安婦問題は）解決するのに、内政のために消極的なので、行動で見せる必要性を感じた」[22]と語っている。

さらに、李大統領は 8 月 14 日、「『（天皇は）韓国を訪問したがっているが、独立運動で亡くなった方々を訪ね、心から謝るなら来なさいと（日本側に）言った』と述べた。大統領府によると、現職の大統領が公の場で天皇の訪韓条件として謝罪を求めるのは初めて。」[23]ということも発生した。韓国の大領領が、歴史認識、領土、慰安婦という日韓間の問題について、一気に浮上させるということが起きた。

さらに、ロンドンオリンピックのサッカー男子 3 位決定戦（日本対韓国）で日

本に勝利した韓国お選手の一人が「独島は我々の領土」と韓国語で書かれた紙を頭上に掲げたことが問題となった。

4.6 日本人の韓国との関係や親近感に関する仮説

これまで見てきたように、日本人の韓国に対する評価・感情は、オリンピックやFIFAワールドカップといった国際スポーツイベントをきっかけに韓国の情報が増えることや、韓国の文化やドラマが流行することで、日本人は、関係が良好であると感じ、親近感が生まれるということが分かった。

一方で、日韓には過去に起因する、歴史認識、慰安婦、竹島/独島といった問題は日本人の中に通奏低音的に流れており、新聞が「客観報道」を行ったとしても、報道によって日韓に横たわる問題がクローズアップされることで、関係は良好ではなく、親近感が無くなると言える。また、そうした問題を報じる際には、日本の対応に対する韓国国民の反応も伝えられる。韓国人が日本国旗を燃やすなどのパフォーマンスや、日本人とは異なり感情をストレートに表現する韓国人の泣き叫ぶ姿なども報道されるパターンが多く見受けられる。これに対して日本人の中に「また反日か」「けしからん」といった感情が生まれてくる。こうしたことが、報道は客観的であっても韓国に対する日本人の親近感がさがると想定される。また、そうした評価・感情の振れ幅は年を追うごとに大きくなっている。

本研究では、今後、新聞紙面やテレビ番組の分析も視野に入れている。研究を進めるにあたって今回の考察を踏まえ、一つの仮説を立てた。

- アメリカなど他国の評価・感情と韓国のそれは異なり、事象によって大きく変化する。スポーツイベントや文化的な情報は評価・感情を良くし、政治的問題がクローズアップされると悪くなる。これは、日本人の韓国に対する特殊な評価・感情と考えられる。

- 報道が客観的であったとしても、日韓に横たわる政治的問題は、それ自体が報道されることで日本人の韓国への評価・感情を悪くする。そして、国民の中に嫌韓感が高まる。

文献

(1) 鶴木眞編著（1999）『客観報道』成文社、38 頁。
(2) 原寿雄（1997）『ジャーナリズムの思想』岩波新書、144 頁。
(3) https://www.mofa.go.jp/mofaj/area/takeshima/（2018 年 6 月 1 日アクセス）。
(4) 『外交青書』1989 年版、135 頁。
(5) 朝日新聞、1988 年 9 月 17 日・夕刊。
(6) 李鐘元、木宮正史、磯崎典世、浅羽裕樹（2017）『戦後日韓関係史』有斐閣アルマ、156 頁。
(7) 『外交青書』2003 年版、25 頁。
(8) 『GALAC』2004.5、15 頁。
(9) 『外交青書』2003 年版、25 頁。
(10) http://www.sonymusic.co.jp/artist/Compilation/discography/SRCL-5115 （2018 年 6 月 1 日アクセス）。
(11) 朝日新聞、2004 年 08 月 24 日。
(12) 『外交青書』2004 年版、45 頁。
(13) 「衛星放送の現状」総務省情報流通行政局衛星・地域放送課、2018 年 4 月 1 日。
(14) 放送文化 /2009 夏号、29 頁。
(15) 月刊民放 2009 年 4 月号、15 頁。
(16) 『GALAC』2009. 5、34 頁。
(17) 朝日新聞、1996 年 10 月 2 日。
(18) 李鐘元、木宮正史、磯崎典世、浅羽祐樹（2017）「前後日韓関係史」192 頁。
(19) 『外交青書』2007 年版、21 頁。
(20) 『外交青書』2007 年版、22 頁。
(21) https://www.mofa.go.jp/mofaj/press/enzetsu/24/egnb_0124.html（2018 年 6 月 1 日アクセス）。
(22) 朝日新聞、2012 年 8 月 14 日。
(23) 朝日新聞、2012 年 8 月 15 日。

第5章

「極化」報道の実証研究（マクロ）
―― 2017年8・9月の日韓報道の極化 ――

5.1 問題の所在

　集団意思決定において，争点への対応が極端化する「極化」現象は，社会心理学での研究対象であった。小集団の意思決定が，メディアによって増幅されることは政策の決定，実行にマス・メディアが大きく寄与すること，また政策への市民の反応が世論として結実し政権運営に大きな影響を与えることなどを考えてみても，メディア報道のされ方に極化が起こる可能性は否定できない。その意味で，極化現象への関心を社会学や政治学ないしマス・メディア研究が持つのは自然なことでもあった。本章では，極化研究の広がりを示したのちに，現実の社会現象へ極化概念を適用することを試みる。

　ある争点が，集団内で扱われるうちに極端な内容になっていく極化現象を，日本と中国・韓国との関係の中に見出すことで，極化現象の実態を捉えることが第4章と本章を担当する極化の実証研究部門の目的であった。極化を情報の流れにおいてとらえると，情報源（送り手）・メディア・受容体（受け手）およびそれぞれの「環境」のレベルが想定される。この中で，今回は，メディアの極化を実証

研究の対象とした。第 4 章のマクロ的分析では，中国と韓国に対する日本のイメージについての時系列的な統計資料を基に，その好悪感情を推定した。ここから好悪感情が逆転するという傾向を見出した。これに対して，好意から非行為，非行為から好意への「変曲点」で何が生じているのか，そうした「変曲点」でメディアはどのように日韓・日中関係を報じたかに着目し，特に 2012 年 8 月の竹島・尖閣諸島をめぐる「領土問題」報道に極化が見られたかどうかを実証しようとしたのが本章である。

5.2 極化の理論的背景

[1] 理論的背景

(a) 社会心理学

　極化とは、社会心理学において、集団討議によっておこる集団極化現象、集団分極化現象をさす[1]。意見が賛否に分かれる議題について集団討議を進めるとどちらか一方の極に意見が集約される現象をさす（図 5.1）。モスコビッシらの言葉を借りれば、「集団で討議すると、それが熱心で活発であればあるほど、討議の結

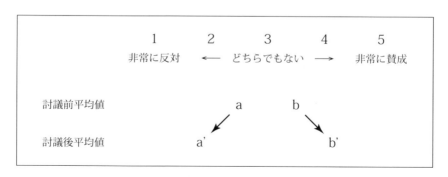

図 5.1 「集団極化現象」のモデル図

論は極端なものになる」[2]と定義される現象である。組織の意思決定が極端な方向に振れやすいことは経験的に知られていた。集団極化現象の検証は、集団討議の前後に構成員それぞれに対して、争点に対する態度を測定し、その変化をみることによるものであった。その場合、ほとんどの実証例では、ある争点に賛成の成員は、集団討議後では賛成の度合が高くなり、反対の意見を持つ成員はますます反対の姿勢をとるようになった。

社会心理学においては、この「集団極化現象」を説明する理論が種々雑多あり、紆余曲折の結果、集団意思決定論の多数決ルールを集団討議で用いる際に起こるとする「社会的決定スキーマ理論」と自己の存在を外集団と内集団との特性の差に求める「自己カテゴリー化論」に帰着するとされたが、結論は出ていない。

(b) マス・コミュニケーション論、メディア・コミュニケーション論

メディア研究における「極化」は、特にメディア内容と組織の現場をもとにした(現場の人間が著した)書籍や記事によって体験的に語られてきた。McCluskeyらは、近年合衆国の政治報道が極化しているといわれる「現場による」評論・研究を概観し、これが妥当であるならば、Gansらのメディア組織の諸研究から得られたニュースの中立性[3]を覆すものであるとして、ニュース価値の諸研究の検討を行い、自らも調査研究を行って、「極化」傾向は全体としては見られないことを論じた[4]。

McCluskeyらは、政治的出来事に関する行為者（集団）（アクター）の主張や行動が極端化する政治的極化についての諸論文を、1 エリート、2 大衆、3 政党、4 利益集団、5 メディアの5つのアクターごとに整理した。1から4に情報を提供し、かつ他の要素に伝達するマス・メディアを彼らは重要視した。特にニュースという形で表現されるメディアの表現形式は、上記の要素それぞれに多大な影響を及ぼしうることは、政策決定過程を眺めれば明らかであろう。そこで、彼らは、ニュースがなぜできるかというニュース価値の研究蓄積に極化の源泉がある

としてハーバート・ガンス（Herbert Gans）の研究（Gans、1979）が示した、7つのニュース価値（自民族中心主義、利他的デモクラシー、責任ある資本主義、小規模田園都市構想、個人主義、社会秩序の保全）とこれらを統括する機能を持つ「中立性」（「中庸性」）（moderation）価値に目を向ける。「中立性」が、残りの7つの価値の振れ幅を抑制する機能を持っているとする。個人の権利を重視するあまりに公共の利益をおろそかにする傾向が社会に生ずれば、それを批判的に報道する、また、私益を公益の名において政策として遂行する「転化」が行われていれば、それをも批判する。そうしたいわば「バランス感覚」が「中立性」であるとする。この意味では、諸価値や諸影響力資源からの「独立性」ともいえる。またこの場合、「公益」の実態や内容は暗箱に入っていてもよい。

　この「バランス感覚」は、メディアの環境によって規定されてくる。ネットメディアの隆盛により、情報源としてのマス・メディアの役割は相対的に低下した[5]。McCluskeyたちは、マス・メディアの役割の低下を次の論文を引用することで示した。政治学者のランス - ベネット（Lance-Bennett）と社会心理学者のアイエンガー（Iyenger）は、現代のネットメディア状況を踏まえて、メディアと受け手の双方がある面でばらばらに、またある面ではまとまっていることを、階層化（stratification）と断片化（fragmentation）を合わせた「stratification」という言葉で呼んだ[6]。メディアの側からいえば、小集団化した受け手に向けてピンポイントに組織だった情報を提供することになる（例として、ネットで検索した事柄が、画面を変えても広告としてしばらく登場することを想起されたい）。

　メディアの階層化と断片化は、情報源である政治の極化を招く、とMcCluskeyらはいう。たとえば、選挙の投票行動研究で、有権者を消費者とみなして購買行動と類似させて支持を、すなわち票を、獲得する戦略が米国ではすでに半世紀以上も前に行われていることが知られている。選挙制度や政党組織および行政組織の「改革」が、政治エリートの極化を生み、選挙による限られた支持者による当選者の正統性の確保（「有権者全体の信頼を得た」と当選者に言わしめることな

ど）が、それを加速させる。それとともに、政策の極化が、「有権者全体のもの」とみなしたメディアの「客観」報道により、有権者側にも、限られた層への利益享受にもかかわらず受け取られ、結果として受け手である大衆の極化を生む。

　このような社会・政治的環境において、メディアが自らの独自の立場に「中立性」（「独立性」）を依拠することはできない——外部の要素から影響を受けずに自らの立場を維持することは難しい——として、「新聞メディアは政治的には中立の立場を維持しているか」という問いよりも、「新聞メディアは、意見の分布が極端化する＝極化した見解を好むか」という問いを McCluskey は設定した。さらに、そもそも、極化は、当該主体の態度の昂進という特徴をもっていることから、すでに鮮明な思想や立場を有する集団を彼らは研究対象とした。すなわち、圧力・利益団体に言及した記事を選び、それぞれの立場に鮮明度とニュースとしての顕在性について違いがあるかを検証した。結果として、利益団体の出現頻度については、「極化」が見られた——特定利益団体の出現頻度が、中立を標榜する利益団体よりも多く出現する——。一方、利益団体の表現の仕方については、極化は見出せなかった。

　McCluskey たちは、前述の「報道極化の神話」を論じた諸研究を、扱った対象ごとに政治エリート、大衆、政党その他（メディア、利益集団）に分けている。この分類に含まれる諸研究と知見と McCluskey らがいうニュース価値の研究を合わせて、メディア・コミュニケーションの基本的図式である、ラスウェルの図式[7]（図 5.2）（送り手・受け手・メディア）を踏まえて整理すると以下のように

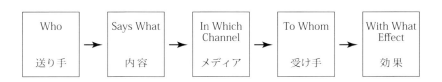

図 5.2　ラスウェル（1960＝1968）のコミュニケーション・モデル

なる（図 5.3）。

① 情報源となる政治・社会の極化（政治構造・政治アクター・政治的意思決定過程の極化）
② メディア（組織）の極化：報道組織の極化、表現内容・形式・容態の極化
③ 情報の受け手である一般市民・大衆の極化：メディア効果による極化の影響も含む
④ 大社会（メディア・コミュニケーション環境）の極化
　　特定の事象報道に直接接触しなかった（当事者でなかった）人々・組織の極化

図 5.3 は、①から②を経て、③に至る極化の流れが、①から③までを包摂する社会環境からの影響を受けて還流するという極化の連環の存在を示唆している。ここから、③の受け手の極化を読み解く際に、従来のメディア効果研究の知見が提供できることになる。また、これらは、①～③の諸要素内での極化の進行と同時に展開される（その存在と無関係にはすまない）。たとえば、マス・メディア報

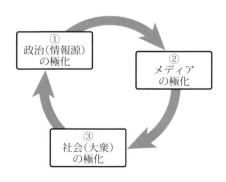

図 5.3 「極化」過程のモデル

道を情報源にした極化が「炎上」という形でネット空間に立ちあがることも意味している。あるいは、マス・メディア情報を受け手が、それを話題にして対人コミュニケーションを活性化させることも従来からあったものである。テレビで事件報道を見て、自分たちの身近にも起こるかもしれないと、隣人たちに話題にすることなどがその例である。

〔2〕 理論の展開：フレーム・フレーミングの視点

本項では、研究の系譜を、「ミクロ」的視点、「マクロ的」視点、およびその接合といった3つの視点から整理し概観する。その後、前節で示した極化概念と諸アクター（広義の社会＝受け手、メディア、政治・社会・個人＝受け手）と上記3つの視点を関連させながら語る。「ミクロ」的フレーム研究は、個人＝受け手の知見の精緻化に努め、そこから従来の社会心理学における集団極化現象の説明変数として関与し、主に意思決定過程の数理的・実験的研究に貢献する。他方、「マクロ」的フレーム研究は、広義の社会＝受け手、メディアないし、個人の受け手環境を形成する社会・集団の価値意識の考察から、極化現象に迫る。

(a) フレーム・フレーミング研究

人が自らの身体以外の環境について、それらが何であるかを知るための方策として、今までに環境から得てきた情報をもとにして新しい外界からの刺激を受け止める。その際の基準として個々人が持っている枠組みを「フレーム」とよび、そうしたフレームを構築する過程を「フレーミング」とよぶ。

この概念は、人文社会科学の多くの領域で様々な言葉によって用いられてきた。（社会）心理学では、情報認知の過程を探るための「スキーマ」（「シェマ」）といった言葉で、受容体（人間）個人の「フレーミング」や「フレーム」を探っていた。この分野では、人々の判断を規定する枠組みとしては共通ではあるが、2つの異なった経路から発展した概念として認識されている。一つの経路には、意

思決定の際の認知的枠組みを「フレーム」とよび、その枠組み形成(「フレーミング」)の性質によって、意思決定の選択の判断が変わってしまう働きを持つものがある[8]。もう一つの経路は、前述したマス・コミュニケーション効果研究の実験的・量的研究の流れの元の一つになったものであり、テレビ視聴が人間の情報処理過程に与える影響を考察したアイエンガーたちの研究がある。ここでは、報道の枠組み(「フレーム」)の示し方によって視聴者が持つ衝撃が異なることを実証した。その時の視聴の効果を「フレーミング効果」と呼んだ[9]。

社会学では、ゴフマンの著作『フレーム・アナリシス』で「フレーム」を「日常生活の経験を体系的に・組織的に整理する枠組み(とその適用)」[10]と述べているような、日常生活からの個人ないし集団の考察から社会を見通すものとして「フレーム」「フレーミング」概念が意識されていた。

マス・コミュニケーション論では、哲学や現象学および生物学(生態学)の外界と人間との関係に影響を受けた、W・リップマンの「擬似環境論」からアドニーやメインが導く社会的現実の構成論にいたるまで、環境と人間との間にあるメディアの「フレーム」や「フレーミング」に焦点が置かれていた質的研究と、後述する心理学的知見をもとにした「スキーマ」認知が、メディアの議題設定機能と接合した量的な諸研究が存在する。

こうしたマス・コミュニケーション論の流れは、上記の社会心理学と社会学の諸知見を下敷きにしたものとみることができる。社会心理学の「スキーマ」から「フレーム」に至る過程は、個人の情報処理過程から得られたものを、マス・メディアの属性に従ってより一般的な受け手等(送り手=メディア組織も含まれる)の認知メカニズムの探求[11],[12]につながり、竹下の指摘による議題設定研究を媒介とした社会学(=質的研究)と社会心理学(=量的研究)「フレーム」研究の接合の試み[13]を導くものである。他方、社会学的「フレーム」「フレーミング」概念のマス・コミュニケーション論への導入は、ゴフマンのアプローチから推測されるように、日常経験の体系化には、他者の存在と彼らとの接触が不可欠である

ことが読み取れる。個別事例の質的考察をもとに一般化を試みようとする社会学的接近方法は、マス・メディアの送り手の「意識」を「フレーム」「フレーミング」概念によって読みといて、ニュースの価値の形成過程の解明に大きく寄与した[14],[15]。

(b) 議題設定研究がもたらすもの

1. 議題設定機能研究の展開

先に述べた社会心理学や認知心理学の「スキーマ」や「フレーム」の概念は、メディアの送り手と受け手の認識レベルの関係を示すものに近づいた。前述したトヴェルスキーやカーネマンの試みは、同じ情報でもメディアが異なる「スキーマ」(「フレーム」)を示すと、まったく違ったフレーム(「受け手フレーム」)を受け手にもたらすことが示されたといえる。また、アイエンガーの研究も、送り手が提示する争点の種類が、一般的なものか、個別具体的なものかのよって、受け手はそれぞれ異なった「フレーム」——前者は「テーマ・フレーム」(thematic frame)、後者は「挿話フレーム」(episodic frame)と呼ばれる——によって受け取ることが明らかになっている。これらの研究は、すでに1972年にメディア効果研究の立場から提示されていた議題設定機能研究をさらに進展させる契機となった。議題設定機能研究とは、マコームズとショーによって、メディアが強調した「争点」は、受け手の「争点」認知に影響を与えるものであった[16]。たとえば、外交問題が内政より重点的にメディアが報道しうると、メディアの受け手は、外交が内容よりも重要だと認識することをマコームズたちは示した(第1次レベルの議題設定)。

ところが、受け手の認知はメディアから、ひとつの争点を構成する「要素」(下位争点)のどれを強調するか、またそれをどのように強調するかといったことにも影響を受けることがわかってきた(第2レベル＜属性型＞議題設定)。アイエンガーたちの研究は、選挙における政治家を受け手が認知する際に、メディアが

その政策を強調するか、政治家の個人的な事柄や人柄を強調するかで、受け手の政治家への認知（選挙で誰を選ぶか、自分の制作への選好に合った政治家かどうか）だけでなく態度（投票するか否か）が変わったことを示した。これは、第2レベル＜属性型＞議題設定の効果を実証したことに他ならない。

2．竹下の試み

　メディア議題設定機能研究の立場からフレーミング研究とメディア研究及び社会学研究との接合を試みたのが、竹下俊郎である。上記の社会心理学からの「スキーマ」「フレーム」論は、実験や量的調査研究に基づく、ミクロ的指向の強いものであった。これに対して、社会学やマス・メディア研究における「フレーム」研究は、送り手の意識や情報源の権力構造の解明を主要な目的としていた。たとえば、労働環境の「改善」を試みるメディア報道が「残業ゼロ法案」と報じたときの諸記事に見られるフレームは、あくまで、それを通じた情報源である政治・政策側の「フレーム」の解明にあり、受け手の、読者の労働環境の現状に基づいた「フレーム」は、せいぜい社会面で掲載されるにとどまる指摘がそれである。

　「フレーム」研究におけるこの「ミクロ」と「マクロ」の視点の接点を求めるため、竹下は、「フレーム」という概念を、メディアが特定の争点や人物を描写する際に用いる「中心的テーマ」と定義した。マコームズたちは、のちの研究(17)で、属性型争点には、争点の構成要素の中で個別具体的で目立つ属性（要素）から、そうした諸所の要素をまとめた（ただし争点そのものではない）抽象的な属性まで幅があると述べている。竹下は、自らの概念をこれにあてはめた。すなわち、個別具体的属性を「側面」、抽象的側面を「中心的テーマ」とした(13)。たとえば、内閣支持率が低下した記事について、低下の要因や支持率の推移が「側面」であるならば、支持率低下を政権の緩みとして「中心的テーマ」とすれば、そこからこの記事の「フレーム」は、当該政権の立てなおしを期待するものと見ることができる。この「中心的テーマ」が「フレーム」にあたるとした竹下は、従来の社

会学的「フレーム」研究が、この「中心的テーマ」の設定が恣意的で、直観に依存したものであると批判している。試みとして、竹下は、「中心的テーマ」の抽出に際して、問題そのものの発生要素を考察した、Edelstein の「問題状況図式」[18]を用いている。

5.2 2017年8・9月の日韓報道の極化 ——領土問題を中心に

[1] 問題の所在と分析枠組み

　本節では、偏向極化研究の一環として、意見の分かれる争点を集団で討議すると、集団メンバーが持っていた意見分布で優勢な傾向がより極端になる集団極化現象（以下、極化とよぶ）を取り上げ、とくにメディアが果たす役割について事例を挙げて言及する。

　集団討議の結果、意見極端化する極化現象について、理論的背景を2節で概観し、日韓・日中関係にみられるメディア報道の極化を第4章で検証した。本節では、第4章での知見から敷衍して、メディアの極化を考える手がかりに属性型議題設定と感情研究を求めた。第4章の韓国・中国に対する嫌悪感情を持った報道（「嫌中嫌韓報道」）が、韓国・中国に関する感情の転換点となった時期の一つを取り上げて、その時期における週刊誌の「嫌中嫌韓報道」に極化が見られたかどうかを検証する。分析対象とした2012年8月から9月には、同年28月、李明博韓国大統領（以下役職は2012年当時）が竹島に上陸し、戦後責任問題について天皇への謝罪要求を発言して、日韓関係は緊迫化した。同じ時期、中国でも、尖閣諸島をめぐり日本との対立が続き、反日デモが続出し、中国駐在大使の車が被害に遭う事件まで起こった。領土問題が、日中韓の国内事情（民主党政権の日本、大統領選挙直前、支持率低迷に悩む韓国大統領など）と絡んで問題化した時期でもあった。

この問題化および問題性の昂進となる極化に週刊誌メディアは、どう関与したかを検証した。

　分析枠組みとして、「問題状況フレーム」と「嫌悪感情」研究の知見を用いる。

　争点が多様な要素からなっており、その個々の要素（「側面」）のいずれかが活性化されることで、当該争点が顕在化する。その際に、「側面」の持つ属性が争点の特徴として代表されるのが属性型議題設定の主張である。問題の認知が受け手の態度や行動を規定することは、認知枠組み（フレーム）の研究においてすでに知られていたが、議題設定研究との接合を試みたのが竹下であった。その接合に用いた Edelstein の「問題状況フレーム」は、次のような7つの要素からなっている。争点が問題化するときに生ずるパターンをまとめたものである。

　① 個人にとっての価値が失われる「価値の喪失」
　② 個人にとって、価値あるものが不足し、それを求めようとする状況である「必要」
　③ 制度において価値が失われ、社会的な機能を失う「制度崩壊」
　④ 個人や制度間の紛争や戦争のような、個人間、制度間での争いや競争をさす「社会的対立」
　⑤ 不確実で、曖昧な状態である「不確実な状態」
　⑥ 問題解決に向けての方策の要求や提案、実行の状態をさす「解決への段階」
　⑦ 個人や制度が、進路を阻まれている状態としての「妨害」

　この7つの要素からなる「問題状況フレーム」が、「嫌中嫌韓報道」の極化を構成する認知枠としてどこで作用し、どのような嫌悪感情を生み出すかを本章で論ずる。

　「嫌中嫌韓報道」の極化についてのもう一つの枠組みは、「嫌悪感情」の設定である。

　極化の概念について重要な点は、「集団意思決定」と「意見の極端化」の2点である。前者をメディアの極化に適応するには、メディア組織成員集団における

意思決定の結果が、報道としてニュース放送・新聞や雑誌記事として表れる、とみなすことができる。また、「意見の極端化」については、感情の極端化、特に嫌悪に対する極端化が「嫌中嫌韓報道」に生じているとみなして、嫌悪感情研究を分析枠組みとして適用することにした。

　金山によれば、他者を嫌いになることについては主に社会心理学の対人魅力の分野で検討されていた[19]。そこでは、なぜ嫌いになるか[20],[21],[22]（「嫌悪原因」）と嫌いな他者（嫌悪対象者）に嫌悪者がとる態度や行動[23]（嫌悪者の反応＝対処行動）の2つの領域によって研究が行われてきた。これらの、2つの領域から得られた要素を、金山の諸研究をもとにしながら、元の諸知見が「対人」感情研究であることに留意して修正を加えて、表5.1のように整理した。「嫌悪対象者」とは週刊誌・新聞組織と読者であり、嫌悪対象者は中国・韓国（の首脳、民衆）である。メディアが中国・韓国に対してどのような嫌悪感情を示すかというA「嫌悪対象者への反応」は、下位項目として以下の8項目を設定した。中国や韓国の意向に合わせる「取り入り」、問題化した行動の原因を探りつつ関係悪化を阻止する方法を模索する「穏便解決」、中国韓国の行動の改善を求める「積極解決」、問題行動を見視して欧米諸国と同じように対応する「わりきり」、問題行動そのもの

表5.1　嫌悪感情の要素

A 嫌悪対象者への反応	B 嫌悪原因
1 取り入り	①身勝手
2 穏便解決	②傲慢・理不尽
3 積極解決	③異質
4 わりきり	④計算高さ
5 回避	⑤否定的態度
6 陰口	⑥非魅力的外見・言動
7 意地悪	⑦その他
8 その他	

に言及しない「回避」、読者に中国韓国の行為を賛同する人がいないかのごとくふるまい発言する「陰口」、中国韓国の嫌がることをする（ように勧める）「意地悪」、その他、である。B「嫌悪原因」では、「否定的態度」とは、こちら側（日本側）の言い分を聞かず、すべて否定するかのような対応や行動をさす。「非魅力的外見・言動」とは、読者やメディアにとって好意的な感情を持ちえない中国・韓国の態度や行動をさす。この場合、あくまで読者やメディアの価値基準に沿っていないということであり、その価値が正しいかどうかは問わない。

本節で言及することは以下のとおりである。

マス・メディアの議題設定機能における争点認知の方法と、対人魅力研究の中の嫌悪感情研究の知見を用いて、新聞メディアが報じた日韓・日中関係——特に領土問題を中心にした——に関する報道から抽出された争点への「嫌悪度」の変化を極化の操作的定義とした。そこから、具体的には、週刊誌と新聞の対中国・韓国に関する記事・論説にみられる「嫌中嫌韓」の程度（嫌悪表現のレベルの上昇を「嫌悪度」として測定）が昂進（極化）することを内容分析によって明らかにした。

〔2〕方法
(a) 操作的定義の構築

極化は、上記の定義から、(a) 立場の分かれやすい争点の存在、(b) 集団での討議、(c) その結果としての主張の極端化、といった要素が定義に含まれている。(a) 旗幟を鮮明にしやすい争点として「外交問題」を挙げた。(b) 集団での討議については、メディアの極化という点で、メディア組織間の連鎖・相互作用とみなした。その際、新聞の極化や「偏向」が記事においては生じていないという第6章の結果を活かして、また、雑誌のメディア属性として特定テーマに関心を持つ限定された読者層を対象に、より深い理解を促すべく編集加工した情報を提供するといった「新聞は一次情報、雑誌は編集加工情報の提供」という「近代的属

性」[(24),(25)]に着目して、「新聞に掲載された後週刊誌に掲載された内容の記事」とした。(c) 主張の極端化については、争点選択において、日中韓の領土問題についての、記事表現についての嫌悪感情の測定をもって、素の嫌悪の度合い(嫌悪度)の高さを極化の程度とした。この場合、新聞が情報提供した争点を討議して結論を得た主体は週刊誌の編集であり、記事はその極化された結論であるとみなした。

(b) 内容分析の方法

1. 分析テーマ・仮説の構築・分析対象

分析テーマは、次の2点である。①極化は、「嫌中嫌韓」を含んだ週刊誌報道に関する出来事が、新聞に取り上げられ、さらにそれを受けて、週刊誌報道の「嫌中嫌韓」の度合いが高まることによって生ずる。②「嫌中嫌韓」の度合いは、記事見出しを評定者に評定させた結果と規定する。そこから、以下の点を仮説とした。

仮説(1) 新聞報道には、「嫌中嫌韓」といった中国・韓国への嫌悪・憎悪感情表現は見られない。

仮説(2) 週刊誌報道には、「嫌中嫌韓」といった中国・韓国への嫌悪・憎悪感情表現は見られる。

仮説(3) 週刊誌報道には、新聞報道によって取り上げられた出来事(事実)を「嫌中嫌韓」表現で報じて、嫌悪・憎悪感情を更新させる傾向がある。

分析対象は、2012年8月〜9月に新聞(『朝日新聞』)、雑誌(『週刊文春』『週刊ポスト』『週刊現代』『週刊新潮』『週刊朝日』『サンデー毎日』)に掲載された中国・韓国に関する記事の見出しおよび本文、である。抽出方法は、まず、分析対象の週刊誌から、韓国・中国に関する記事について、目次を参照して抽出した。その際、記事に含まれる見出しを列挙してまとめた。次に、週刊誌記事(42件)

の見出しの根拠となる出来事を週刊誌本文から抽出し、時系列に並べたリスト（72件）（出来事リスト）を作成した。最後に、出来事のキーワードをもとに、出来事発生から収録週刊誌の発行日（正確にはその約2週間前に発売されているので半月前ごろ）までの期間（たとえば「李明博、竹島」＋朝日、2012年8月10日〜9月15日）をE-L-netを用いて検索し、新聞記事を抽出した。

分析期間を、週刊誌発行日ごとに以下の様な5つの時期に分けた（いずれも2012年。「月・日」で表記した）。

「Ⅰ期」：8・16〜24
「Ⅱ期」：8・30〜9・2
「Ⅲ期」：9・6〜9・9
「Ⅳ期」：9・13〜16
「Ⅴ期」：9・20〜

2. 分析単位とカテゴリーの決定

a. 嫌悪表現の確定

分析対象（上記の新聞および週刊誌記事における見出し）について、まず、斎藤と金山の研究[19],[21]をもとに、嫌悪対象（中国・韓国）に対する嫌悪の度合い（この見出しを見て中国・韓国をどのくらい嫌いに思うかという質問に対する回答）それぞれ該当するものに、5段階尺度（5極めて高い—4かなり—3ふつう—2やや低い—1全くない）で評定者に評価させた。そして、「嫌悪の原因」の7つの項目（表5.1）それぞれについて評価を記入させた。

次に、同じ見出しについて、この見出しを見て、嫌悪者（日本）の対応の嫌悪の程度がどのくらいかを、同じく5段階尺度で回答させた。そして、「嫌悪者の反応」8項目（表5.1）それぞれについて評価を記入させた。

b. 嫌悪表現記事の相互関係

分析対象の記事・論説に言及される出来事について時系列的に整理し、新聞と

週刊誌の速報性の差から、新聞→週刊誌の流れで出来事が表出されるとして、新聞と週刊誌の対応関係をみた。それらの新聞―週刊誌のセットの中で嫌悪表現の程度の変化を上記の点数化から比較した。そして、上記の組み合わせの週刊誌記事を追従した新聞記事を捜し、その点数を精査した。

c. 問題状況フレームの利用

a. と b. は、メディアの「極化」現象が生ずるか否かを実証するための手法であった。ここからさらに一歩進めて、「極化」現象がなぜ生ずるのかを実証するために、本章で検討した「フレーム」,「フレーミング」研究の一端である Edelstein による「問題状況フレーム」を用いた。分析対象（上記の新聞および週刊誌記事における見出し）について、どの「問題状況フレーム」が該当するかを評定者に選ばせた。

〔3〕結果

週刊誌の中国韓国関連記事に関しての嫌悪表現について、雑誌ごとの嫌悪度の得点は以下の表 5.2 のようになった。以下、週刊誌の表記は、『週刊新潮』、『週刊文春』、『サンデー毎日』、『週刊現代』、『週刊朝日』、『週刊ポスト』をそれぞれ、

表5.2　雑誌ごとの嫌悪感情度［点］

	反 応	要 因	計
新潮	54***	24***	78
文春	70	56	126
毎日	30	26	56
現代	22**	78**	100
朝日	19**	41**	60
ポスト	71**	43**	114
	266	268	534

**$p < .01$　　***$p < .001$

「新潮」、「文春」、「毎日」、「現代」、「朝日」、「ポスト」と略記する。

(a) 嫌悪感情頻度に見る「極化」現象

嫌悪表現について雑誌全体としては、雑誌総件数46件中、嫌悪対象の要因では、266点と嫌悪者の反応では268点と嫌悪内容について有意な差はなかった。総得点534点で1誌あたりの平均点は89点であった。平均以上の雑誌は、「文春」、「ポスト」、「現代」で、嫌悪要因と嫌悪者反応の総和が100点を超えていた。また、新聞記事についても、嫌悪感情を測定したが記事77件中、総得点80点であり、1件当たり1点強であった。

雑誌ごとには、嫌悪表現記事について表5.2のように有意な差が見られた。なぜ韓国や中国が嫌いかという嫌悪要因よりも、嫌いと思うその主体の嫌いの程度である嫌悪者の反応を重視したのが、「新潮」、「文春」、「ポスト」であったが、「文春」には嫌悪原因と嫌悪者の反応について有意な差は認められなかった。「現代」や「朝日」は、その逆で、嫌悪の原因を嫌悪者の反応よりも重視していた。

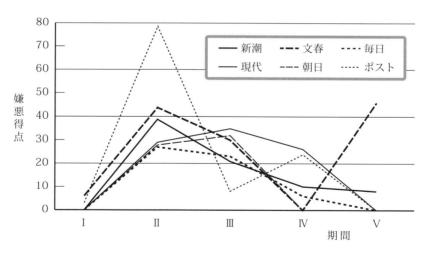

図5.4　週刊誌ごとの嫌悪得点推移

嫌悪感情得点を時系列にしてまとめたのが図 5.4 である。

図 5.4 をみると、全期間では、「Ⅱ期」に急増し、後は減少に転ずる傾向が強い。週刊誌ごとでは、「ポスト」、「文春」には 2 度の増加―減少の山がみられる。特に「文春」は得点の最高値が最終週に記録されている。それ以外の 4 誌は「頂点」は 1 度だけである。「現代」は「頂点」が他の 5 誌よりも遅れて到来する。

次に、嫌悪感情の内容（「嫌悪要因」と「嫌悪者の反応」）による時系列・および雑誌ごとの違いについてみると、「文春」と「新潮」は、図 5.4 で示した傾向と同じで、「嫌悪要因」と「嫌悪者の反応」に出現傾向の差は見られない。「毎日」が期間全体で「嫌悪者の反応」は減少し、「嫌悪要因」は増加した以外は、他の 3 誌では、期間と「嫌悪者の反応」および「嫌悪要因」との間の点数の増減は様々であった。

次に、中国・韓国に対する嫌悪感情を、嫌悪者（メディア・読者）の嫌悪対象（中国・韓国）に対する反応（嫌悪者反応）と、嫌悪者（メディア・読者）が嫌悪対象（中国・韓国）に対して持つ嫌悪の要因（嫌悪要因）に分けてみると以下の様な傾向が見られた。

嫌悪者の反応の傾向は、中国や韓国の態度や行動に改善を求める「積極的解決」が 120 点と最高位を占めた。次の特定できる項目は中国・韓国に直接主張せず、日本の読者やメディア自身に向けて批判や悪口を言う「陰口」（「あの男は中国のスパイ！」「現代」9・15 などがある。ただし、関係者の発言として提示されることが多く、週刊誌独自の主張や読者の意見の反映という形はとらない）であったが、「積極的解決」の 3 分の 1 強であった。「積極的解決」とは、たとえば「（竹島の）実効支配を強めよ」（「新潮」8・30）、などがそれに当たる。この反応は、「Ⅰ期」から「Ⅲ期」までに集中して見られ、通時的に見られる要素はなかった。

嫌悪要因（メディアが中国・韓国に対してなぜ嫌悪感情をもつか）の傾向は、「竹島大統領上陸と天皇謝罪要求ロンドン五輪ルール違反」（「朝日」8・31）や、「天皇を土下座させろ」（「現代」9・1）などにみられるような「傲慢さや理不尽

表 5.3　嫌悪者の反応の時系列変化（点）

	取り入り	穏便解決	積極解決	わりきり	回避	陰口	意地悪
Ⅰ	0	0	0	0	0	0	0
Ⅱ	0	24	76	0	0	26	2
Ⅲ	0	2	28	0	3	4	4
Ⅳ	0	0	10	0	3	3	0
Ⅴ	0	0	0	2	0	0	0

さ」が94点と最高点を得ていた。その次の日本・世界にとっての「異質さ」（「世界の常識を知らないのか」（「現代」9・1）など）は50点と約半分であった。日本に対する「否定的態度」（「韓国のネットカフェ、日本人は入店禁止『竹島は韓国の領土と3回宣言すれば利用可能とする』」「現代」9・8など）は、「現代」「ポスト」「朝日」には見られたが、「新潮」、「文春」、「毎日」には見られなかった。

表5.4から、Ⅱ期では、「身勝手」、「傲慢・理不尽」、「異質」が多く、「Ⅲ期」に入ると、押しなべて嫌悪原因が出現するが、「計算高さ」や「（日本への）否定的態度」、「非魅力的外見」（主張・嗜好の不一致、間の悪さ）に出現頻度の高さが移っていく。「異質」と「非魅力的外見がすべての時期に通じて表われ、総数としては多い、「傲慢・理不尽」がそれに続いた。週刊誌ごとの違いについて、「新

表 5.4　嫌悪原因

	身勝手	傲慢・理不尽	異質	計算高さ	否定的態度	非魅力的外見・言動	その他
Ⅰ	0	0	6	0	0	3	0
Ⅱ	14	49	18	5	8	3	3
Ⅲ	5	18	9	23	21	14	1
Ⅳ	0	14	14	1	4	10	0
Ⅴ	0	13	3	0	0	4	0

潮」、「文春」は、他項目・複数の期間にわたり、嫌悪の原因を見出すことができた。これに対して、「朝日」、「毎日」は、短期間で限られた嫌悪原因に集中（「傲慢・理不尽」「計算高さ」）する傾向が見られた。「現代」は、期間を集中して、複数の項目（「傲慢・理不尽」、「否定的態度」、「非魅力的外見」）に原因を帰属させる傾向が見られた。

(b) 問題状況フレームにみる極化現象

対象期間中の中国・韓国に関する出来事は以下のとおりである（表5.6）。これは、週刊誌記事（42件）の見出しの根拠となる出来事を週刊誌本文から抽出し、時系列に並べたリスト（72件）（出来事リスト）を作成したものをもとに、対象期間に生じた出来事を選び出したものである。例えば李明博大統領竹島上陸の記事には、その文中に李大統領の政治的背景・経歴・竹島上陸を動機づける出来事として掲載される場合がある。それらは表5.5にまとめた。

表5.5　中国・韓国に関する出来事（その1）

1992年			恩人の統一国民党からではなく与党民主自由党から国会議員選挙に出馬
2010年	1月		ニューヨーク公立図書館に地球儀が寄贈される
	3月		ニューヨークタイムズに掲載された広告に独島の名
	10月		中国漁船衝突事件後，領土問題についての拓殖大の講義で，「竹島は帰ってこない」と発言
2011年	4月		「沖縄数次ビザ」施行
	4月		竹島沖に海洋基地建設計画浮上と朝鮮日報が報じる
	8月		自民党議員による鬱陵島視察団として竹島訪問
	秋		對馬 ― 釜山間にフェリー会社2社参入
	12月		新潟市内の5000坪の土地を中国領事館が買収
	12月		訪日した李大統領を歓待したが翌日の会談では厳しく攻撃された

2012年	4月	27日	仏大手ホテル会社が沖縄にホテル開業
	5月	13日	北京の日韓中3か国サミット　温家宝首相と尖閣諸島領有権を巡り議論
	7月		実兄が不正資金問題で逮捕

表5.6　中国・韓国に関する出来事（分析対象期間内）

	2012年	8月	3日	石原都知事が尖閣対応を重視と記者会見
			10日	李明博大統領竹島上陸
			10日	李大統領上陸時に帰国させた駐韓大使から聞き取りをせずに外務省を出た玄葉外相
			10日	ロンドンオリンピック男子サッカー日韓戦で韓国代表選手が「独島はわが領土」というメッセージを掲げる
			11日	韓流スターたちが領有権主張運動としてリレー水泳を実施
			13日	李明博大統領が韓国忠清北道での勉強会で「天皇謝罪」を要求
			14日	竹島へのリレー水泳に韓流スターが関与
			15日	香港活動家尖閣諸島魚釣島に上陸　中国国旗掲揚　退去勧告に従わなかった14人を逮捕
			15日	アーミテージ元米国副長官が報告書発表「日韓は東アジアのパートナー」
			15日	中国各紙「尖閣上陸成功」を1面で伝える
I期			16日	国防担当大臣は長く務めるのが世界の常識
				安住財務相日韓通貨スワップ協定の見直しを示唆（緊急時に外貨を融通する仕組みの再検討）
			17日	尖閣諸島上陸の香港活動家を強制送還することを政府決定
			17日	地方議員ら10人が魚釣島に上陸
			19日	魚釣島（尖閣諸島）に日本人が11名上陸　奈良原岳に日の丸掲揚
			19日	田母神らの団体尖閣上陸に記者同行
				ポスト記者による現地取材

				海上保安部幹部も「中国のことは言えない」と発言
				『朝鮮日報』に「土下座」論文が掲載される
			20日	日本人排斥のネットカフェに倣う運動の呼びかけがネットで拡散
			20日	反日デモの定着化（中国）
				韓流ドラマ2本が放映延期
			21日	韓国でKARAの記者会見で竹島問題に言及せずメディアからバッシングを受ける
			22日	韓国大統領竹島関連の日本からの親書を受け取り拒否
			23日	谷垣自民党総裁は尖閣・竹島の問題解決を要求
			23日	尖閣の調査を10月に実施と石原都知事記者会見で言明
			24日	野田首相，領土問題で記者会見
			24日	国会決議で「不法占拠」を3か所追加　保守系議員が要請
			24日	橋下大阪市長，河野談話が日韓関係緊張のもとと発言
			24日	安倍晋三元首相大阪のローカル番組で自民党総裁選出馬へ意欲
			25日	陸上自衛隊が東富士演習場で「富士総合火力演習」を実施
			26日	首相官邸は尖閣上陸の，香港の活動家と海上保安庁との攻防を撮影したビデオ公開
			27日	丹羽宇一郎・駐中国大使の車が襲撃される
			29日	大使襲撃の容疑者特定と中国外務省から連絡
II期			30日	藤村官房長官が魚釣島の地権者が国へ売却を希望すると発言　長浜官房副長官と地権者が合意
		9月	3日	『フォーリン・ポリシー』巻頭特集「2012年の日中海戦」
	電子版9月号			U18世界野球選手権，日本との試合中バックネット裏のスコアラーが逐一ベンチに情報を手渡す
III期			6日	ウラジオストクでアジア太平洋経済協力会議開催　野田首相，李明博大統領と握手
			8日	BS日テレ・BSジャパンが竹島水泳横断のソン・イルググ主演ドラマの放映延期発表

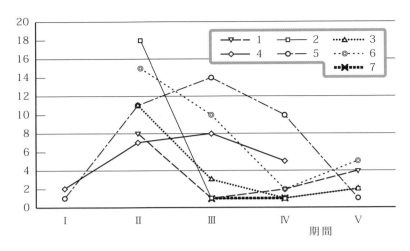

図 5.5 「嫌中嫌韓」報道における問題状況フレームの推移

　これらの表 5.5・表 5.6 と Edelstein による「問題状況フレーム」をもとに、週刊誌 6 誌の記事内容について言及すると以下のようになる。このフレームは、記事となる出来事のどの側面に「極化」が見られるかを探るための手法として用いた。なお，図 5.5 の数字 1 〜 7 は、Edelstein の「問題状況フレーム」（94 ページ）の番号①〜⑦に対応している。

　図 5.5 から、問題状況フレームは、嫌中嫌韓報道の週刊誌掲載件数をもとに作成されているので、「Ⅱ期」を頂点にして、減少傾向を示す。その中で、「Ⅱ期」（8・30 〜 9・2）から「Ⅲ期」（9・6 〜 9・9）にかけての変化が著しい。個人の価値の不足による要求を意味する［2. 必要］、制度の価値損失、機能不全を表す［3. 制度崩壊］、個人にとっての価値の喪失を示す［1. 損失］が激減し、問題解決策の要求・提言・実行を意味する［6. 解決への措置］が減少している。これに対して、この期間に増加した問題状況フレームもあるが増加の幅はそれほど大きくはない（他のアクターや制度との間に対立が見出される状態を示す［4. 対立］や

不確かで、曖昧、混乱した状態を表す［5. 不確実さ］などがあげられる）。［2. 必要］、［3. 制度崩壊］、［1. 損失］はいずれも「Ⅱ期」になって初めて登場したフレームであった。

〔4〕 考察
(a) 嫌悪感情頻度に見る「極化」現象

　極化の操作的定義から、中国韓国関連報道について、新聞記事が提示した出来事が週刊誌に依って報じられる際に、出来事の内容に対する嫌悪度が上昇することであった。その前提として、新聞報道の嫌悪度を見ると、ほぼ嫌悪感を読者に与えていないと推定されるほどの低い数値であったことから、新聞報道そのものには嫌悪度を持たれていないと考えられる。従って、仮説（1）は支持されたとみられる。

　ところが、週刊誌報道の「Ⅰ期」においては、対象期間内に生じた日韓・日中関係事象そのものがほとんど存在せず、しかも、嫌悪感情の点数も、新聞記事と同様極めて低い。「Ⅱ期」に週刊誌の嫌悪度は急上昇することと 8 月 10 日の「李明博大統領竹島上陸」報道が週刊誌に扱われたことにより、ようやく「極化」の可能性が週刊誌上に顕在化することになった。ただし、それは記事内容への嫌悪感情の増加であり、その後、週刊誌全体としては、嫌悪度得点が減少傾向にあることから、週刊誌掲載が新聞報道を媒介として新たな極化を生むという「極化」の程度の増加ないし中国韓国関連報道全体を争点とする報道の「極化」は、見られていないことがわかる。

　図 5.4 より、「Ⅰ期」から「Ⅱ期」、ないし、たとえば中国韓国関連報道への嫌悪感情の存在は確認できるので、仮説（2）は部分的には支持されたともいえる。ただし、これを「極化」といえるかということについては作業仮説の設定構成要素からみると、厳密には難しい。

　「嫌中嫌韓報道」全体の嫌悪度の増加にともなう「極化」は見られないが、当該

報道を構成する下位の要素のそれぞれへの嫌悪度が上昇し、終息することを繰り返した。しかし増幅するまでには至らなかったのではないかとみられる。

(b) 問題状況フレームにみる「極化」現象

「Ⅰ期」で［4. 対立］と［5. 不確実さ］が登場したのは、問題が問題として認識されるまでの過程と見ることができる。その問題が認知され、価値の剥奪とその奪回への要求（［1. 損失］および［2. 必要］）、組織や、集団への訴えかけ（［3. 制度崩壊］）が「Ⅱ期」に集中した（その結果、要求がかなえられないことが［3. 制度崩壊］フレームの増加として表れる）。それが、「Ⅰ期」から「Ⅱ期」にかけて極化を生んだ要因の一つと推測できる。

そして、これらの問題状況フレームの3つの図式（［1. 損失］［2. 必要］［3. 制度崩壊］）が「Ⅲ期」になって急速に減少したのは、ある特定の問題状況がひとまず解決をみたためとみられる。あるいは、別の大きな問題が生じて、それをニュースとして扱うがために、結果的に、実際は何の解決も見出せなかったにせよ、それまでの問題は「問題として認知されなくなった」ともみられる。ここにおいて、いずれの要因が妥当かを見るには、メタ・フレームの存在を想定する必要がある。これには質的分析をさらに進める必要があろう。

(c) 嫌悪感情と問題状況フレームにみる「極化」現象

嫌悪感情の極化の要素として、嫌悪原因と嫌悪者の反応をすでにあげたが、その嫌悪原因や嫌悪者の反応を生じさせる「出来事に対する認識」はどのような要素からなっているのであろうか。嫌悪という感情を生むための認識枠組みとして「問題状況フレーム」を設定した。「問題状況フレーム」の要素と嫌悪感情の高い記事との関係を見ると、「Ⅰ期」から「Ⅱ期」への嫌悪感情の度合いが急増した「ポスト」と「文春」、「Ⅱ期」から「Ⅲ期」への嫌悪度の上昇がみられた「現代」と「毎日」の場合、ともにナショナリズム覚醒を、それぞれ有していたとみられ

る。

　「Ⅰ期」から「Ⅱ期」への「ポスト」の嫌悪感情の増加は、以下のように説明できる。「Ⅰ期」の記事では、「ポスト」は、5月の日中韓3国のサミットでの領土占有権をめぐる識者の論考を掲載した。この「記事」（論説）は、その性格上、領土問題への政府への提言という主張がそのまま［6. 解決への措置］フレームとなっている。それに基づく、中国・韓国の「異質」性が嫌悪感を生む原因となっている。「Ⅱ期」の記事では、尖閣諸島の上陸争いや韓国大統領の竹島上陸という事実を、「領土」が実効支配されたというため、「領土」に伴う国民性が剥奪されたとみなし、その剥奪された価値を取り戻す［2. 必要］フレームとしてとらえられている。その結果、国境近くの領土を守った先人を讃えることでの愛国心の覚醒を喚起させようとしている。

　「Ⅰ期」から「Ⅱ期」への嫌悪感情の度合いが急増した「「文春」の記事では、ロンドン五輪の中国韓国間の誤審騒動を「場外乱闘」と皮肉って、いがみ合う両国を［4. 対立］や［5. 不確実さ］フレームで描いている。そこには明らかな「異質性」や「非魅力的外見・言動」（罵り合うなどみっともない）による嫌悪感情がみられる。それが、「Ⅱ期」において、「奢れる韓国・中国をしめ上げろ！」、「日本人よ、反原発より領土問題に声を挙げよ」など声高に主張して、［6 解決への措置］フレームに基づいて、「日本人」としての価値は領土を意識することで見出されるという「価値の要求」と「積極的提言」を喚起する。ただし、「反原発…」は識者提言の形をとっており、読者個人や雑誌自体は中国や韓国といった「国家」に直接物申すことはできないことを示している。つまり、「嫌悪対象者が自分より上の立場であると … 陰口を多く行って」[19]いるので、嫌悪者の「陰口」対応の色彩が、「しめ上げろ！」、「反原発より領土問題に声を挙げよ」表現にはみられる。

　「Ⅱ期」から「Ⅲ期」への嫌悪度の上昇がみられた「現代」と「毎日」では、「Ⅲ期」の記事において、［5. 不確実さ］と［4. 対立］のフレームが検出された。

「現代」では、個人の喪失された価値の獲得をめざす［2. 必要］から、「毎日」では、個人の価値の［1. 損失］から、それぞれ［5. 不確実さ］と［4. 対立］に問題状況の認識が変化した。

　ここから、部分的な極化の過程を以下のように考えられうる。「Ⅱ期」の記事において、8月10日の竹島上陸や8月13日の天皇謝罪発言という韓国大統領の言動が、「領土」や「天皇」に対する読者やメディアが描く、日本人としての「価値の剥奪やそれへの要求」という感情を喚起させる「側面」が強調された。そして、「Ⅲ期」の記事で、8月22日から23日にかけての日本からの親書を韓国が受け取りを拒否したことや、8月17日の尖閣諸島への日本人の上陸と、中国の反日デモの「恒常化」などの出来事を、日中・日韓の事態の混迷度が増加した［5. 不確実さ］や［4. 対立］と捉える側面を強調する報道となり、その結果、親書拒否が日本（人）の振る舞いや態度とは異なって許容できないとする「非魅力的言動」や「傲慢・理不尽」、こちらの言い分を聞かない「否定的態度」に基づく嫌悪感情を増大させようとした記事となった、とみられる。

〔5〕結論・課題

　日韓報道について、調査期間全体を通じての極化はみられなかったものの、特定時期の特定週刊誌の極化（嫌悪度の上昇および嫌悪得点の高さ）は見ることができた。さらに、特定事象の報道に関して、新聞よりも週刊誌の報道が当該事象に対して極端な表現が顕出することが明らかになった。しかし、新聞報道にも若干の嫌悪度の高い表現が見られたことから、新聞表現は必ずしも「無垢」な状態ではないことが示され、メディア報道が出来事をニュースとしてありのままに伝えるという「ニュース鏡説」は棄却された。

　課題として、①嫌悪感情以外の極化の測定方法を検討する必要がある。政治的イデオロギー尺度を用いた、極化の測定が必要である。②極化内容の変容を、争点の構成要因や「属性」の変容から質的に把握して量的調査の「尺度」を作ると

いった質的研究と量的研究との接合の可能性を考える。③日韓報道に限定して、受け手の極化を世論調査や意識調査から、情報源（政策立案組織、政府の政策）の極化を、より長期の日韓関係の両国の政策の変容を捉えることで明らかにすることが求められる。

5.3 結論と課題

第4章では以下のような知見を得た。内閣府の「外交に関する世論調査」では、アメリカやロシア、中国などとは異なり日本人の韓国に対する感情は、良い感情と悪い感情が年によって大きく変化している。感情が大きく変化した年に日韓間で起こった事象を照らし合わせてみると、ソウルオリンピックや日韓ワールドカップ開催年は、良い感情が高くなっている。一方、従軍慰安婦や竹島問題がクローズアップされた年は悪い感情が高くなる、という傾向がみられる。以上のことから、「新聞報道が客観的であっても日韓に横たわる問題は、それ自体が報道されることにより、日本人の韓国への評価・感情を悪くする。国民の中に嫌韓感が高まる」との仮説を導きだした。

第4章の結果を受けて第5章では，竹島・尖閣諸島問題が生じた2012年8月・9月に焦点を当てて，マス・メディアの議題設定機能における争点認知の方法と，対人魅力研究の中の嫌悪感情研究の知見を用いて，新聞メディアが報じた日韓・日中関係——特に領土問題を中心にした——に関する報道から抽出された争点への「嫌悪度」の変化を「極化」の操作的定義とした。そこから，具体的には，週刊誌と新聞の対中国・韓国に関する記事・論説にみられる「嫌中嫌韓」の程度（嫌悪表現のレベルの上昇を「嫌悪度」として測定）が昂進（極化）することを内容分析によって明らかにした。これにより，日韓・日中関係の好悪感情の変化にメディアが影響を及ぼしていること，特に週刊誌が，一部分ではあるが，極化現

象を生じていることが明らかになった。

　2節で示した背景となる理論面の課題として，3節と関連させて言及すれば以下のようになる。メディア・送り手・受け手の極化の相互連関を実証研究にどのように位置づけるかがまず問われる。中国・韓国への好悪感情の変動を説明する要因として，文化的な違いを語るのであれば，「文化」を構成する集団と，極化作用に関わるとされる組織や集団とを照合させることが求められる。ここに意思決定過程ならびに政策決定過程の要素（アクター）の考察を取り入れることが可能ではないか。さらに，時代ごとに，極化に関する要素や制度の「内容」に変化がみられることに注意すべきである。たとえば，90年代と2010年代の間に，日本では政治改革・行政改革・司法改革が行われ，特に政府執行部の権力が増加した。このことは言い換えれば，90年代と2010年代の日本政府といっても対外政策への国内対応に限定してみれば，その影響力は異なっている。メディア組織においてもまた同様である。インターネットメディアの登場と発達はマス・メディアに認知・態度・行動のすべてにわたって影響を与えた。その影響を丹念に見ていく必要がある。

　方法論における課題は，3節に関連付ければ以下のようになろう。

　基準点とした新聞報道自体に「極化」の可能性はないか。この問いについては，記事の極化について，内容分析のカテゴリーを単語・文節レベルに微細化した考察が必要となろう。評定者が嫌悪感情を起こしたか否かから，どの表現がどの程度の嫌悪を生み出したかに踏み込んだ分析方法が求められる。記事の文章をテキストデータとして定量的に解析するテキストマイニングの手法も考慮されてよいだろう。次に，分析対象を記事情報から図表や写真といった図像情報にまで拡張する必要がある。この拡張は，テレビ映像やWeb情報の動画がもつ「極化」の検証につなげることを目的としている。画像・映像の視覚情報には質的研究の性質が強い。内容分析による量的研究からどこまで知見を導けるかが鍵となろう。最後に，インターネットメディアに代表される相互発信のメディアの極化現象の

考察が求められる。このようなWebメディアの極化をどのように測定するかを探ったのち，このメディアによる極化が，週刊誌や新聞，テレビ放送といったマス・メディアとどのように関わり合って「増幅」（あるいは「減少」）していくのかを捉える必要があろう。

　極化現象を意思決定過程の文脈でとらえることは，多様な意見の頻出という段階では「多事総論」の機会を与え，「有益な」結論（決定）を生み出すといったプラスの面を想定することもできる。また，前述した「文化」概念の再検討に加えて，集団における成員の包摂と排斥，「集団内多様性」（variety）と「集団外多様性」（diversity）の問題 ── 擬制も含めた ── から異文化接触や他者感覚の構築，さらなる共存の問題を考える契機にもなりうる。

引用・参考文献

(1) 有馬淑子『極端化する社会 ── 共有知識構造で読み解く集団の心理』北大路書房、2012.
(2) Moscovici S. & M. Zavalloni, "The group as a polarizer of attitudes", *Journal of Personality and Social Psychology*, 12(2), 1969, 125-135.
(3) Gans Herbert, *What's the News*, New York: Pantheon Books, 1979.
(4) McCluskey M. & Y. M. Kim, "Moderatism or Polarization? Representaion of Advocacy Groups' Ideology in Newspapers", *Journalism & Mass Communication Quarterly*, 89(4), 2012, 565-584.
(5) 藤代裕之『ネットメディア覇権戦争 ── 偽ニュースはなぜ生まれたか』光文社新書、2017.
(6) Bennett W. Lance & Shanto Iyenger, "A New Era of Minimal Effects? The Changing Foundations of Political Communication", *Journal of Communication*, 58(4), 2008, 707-31.
(7) Lasswell H. D., "The structure and function of communication in society", in Willbur, Schramn ed., *Mass Communication* 2nd.ed., University of Illinois Press, 1960=1968.（学習院大学社会学研究室訳『新版 マス・コミュニケーション』東京創元社）

(8) Tversky A. & Kahneman D., "The framing of decisions and the psychology of choice", *Science*, 211, 4, 1981, 53-458.
(9) Iyengar Shanto, *Is anyone responsible? How television frames political issues*, The University of Chicago Press, 1991.
(10) Goffman Erving, *Frame Analysis: An Essay on the Organization of Experience*, New York: Harper & Row, 1974.
(11) 烏谷昌幸「フレーム形成過程に関する理論的一考察 ── ニュース論の統合化に向けて」、『マス・コミュニケーション研究』、58、2001、78-93.
(12) 竹下俊郎『メディアの議題設定機能』学文社、1998.
(13) 竹下俊郎「議題設定とフレーミング;属性型議題設定の2つの次元」、『三田社会学』12、2007、4-18.
(14) Tuchman Gaye, *Making News*, The Free Press, 1978=1991.(鶴木眞・櫻内篤子訳『ニュース社会学』三嶺書房)
(15) Gitlin, Todd, The Whole World is Watching: Mass Media in the Making and Unmaking of the Left, Universitye of California Press. 1980.
(16) McCombs Maxwll E. & Donald L. Shaw, "The agenda-setting function in mass media", *Public Opinion Quarterly*, 36, 1972, 176-187.
(17) McCombs Maxwll E. & Ghanem S. I., "The convergence of agenda setting and framing", In S. D. Reese, O. H. Gandy Jr. & A. E. Grant (Eds.), *Framing Publiclife*, Lawrence, Erlbaum Associates, 2001, (pp.67-81).
(18) Edelstein *et al. Communication and culture*, Longman, 1989.
(19) 金山富貴子「組織や集団内における対人嫌悪」、『心理学ワールド』74、2016、13-16.
(20) 金山富貴子「対人嫌悪原因の構造」、『日本心理学会第66回大会発表論文集』2002、140.
(21) 斎藤明子「対人的嫌悪感情に対する社会心理学的研究」、『九州大学心理学研究』4、2003、187-194.
(22) 岡部泰子、城賀本晶子、赤松公子、吉村裕之「女子大学生の対人的嫌悪感情を測定する尺度の開発」、『女性心身医学』18(3)、2014、430-438.
(23) 金山富貴子、山本真理子「所属集団内の対人嫌悪事態における嫌悪者の行動」、『筑波大学心理学研究』30、2005、13-24.
(24) 吉田則昭「雑誌文化と戦後の日本社会」、吉田則昭、岡田章子編『雑誌メディアの文化史』森話社、2012、pp9-38.
(25) 長尾宗典「史料としての雑誌 ── 保存と活用のための論点整理」、『メディア史研究』39,2016、26-42.
(26) Aaroe Lene, "Investigating Frame Strength: The Case of Episodic and Thematic Frames", *Political Communication*, 28(2), 2011, 207-226.

(27) Barthes Roland, *Mythologies*, Seuil: Paris, 1957=1967.（篠沢秀夫訳『神話作用』現代思潮社）
(28) Bennett W. Lance, "Constructing publics and their opinions", *Political Communication*, 10(2), 1993, 101-120.
(29) Edelman Murray, *The Symbolic Uses of Politics*, Urbama: University of Illinois Press, 1964.
(30) Edelman Murray, *Political Language*, Academic Press, 1977.
(31) Entman Robert M. & Andrew Rojecki, "Freezing out the public: Elite and media framing of the U.S. anti‐nuclear movement", *Political Communication*, 10(2), 1993, 155-173.
(32) Entman Robert M., "Improving Newspapers' Economic Prospects by Augmenting Their Contributions to Democracy", *The International Journal of Press/Politics*, 15(1), 2010, 104-125.
(33) 藤代裕之編『ソーシャルメディア論』青弓社、2015.
(34) Gamson W. A. & Stuart D. "Media Discourse as a Symbolic Contest: The Bomb in Political Cartoons", *Sociological Forum*, 7(1), 1992, 55-86.
(35) Graber Doris, "Symbol and Politics Editor's foreword to essays written to Honor Murray Edelman", *Political Communication*, 10(2), 1993, 97-98.
(36) Gross Kimberly and Paul R. Brewer, " Sore Losers: News Frames, Policy Debates, and Emotions" *The International Journal of Press/Politics*, 12(1), 2007, 122-133.
(37) 濱西栄司「構築主義と社会運動論──相互影響関係と回収可能性」、『社会学評論』68(1)、2017, 55-69.
(38) 稲増一憲『政治を語るフレーム』東京大学出版会、2015.
(39) 伊藤高史「ロバート・M・エントマンフレーム分析と、「滝流れモデル」についての検討──ジャーナリズムの影響に関する政治社会学的研究と「正当性モデル」の視点から」、『慶應義塾大学メディア・コミュニケーション研究所紀要』59、2009、141-155.
(40) 神島二郎『近代日本の精神構造』岩波書店、1961.
(41) 是永論『見ること・聞くことのデザイン──メディア理解の相互行為分析』新曜社、2017.
(42) Lamm H. & D. G. Myers, "Group-induced polarization of attitudes and behavior", *Advances in Experimental Social Psychology*, 11, 1978, 145-195.
(43) Matthes Jorg and Christian Schemer, "Diachronic Framing Effects in Competitive Opinion Environments", *Political Communication*, 29(3), 2012, 319-339.
(44) Merriam Charles, *Political Power: Its Composition and Incidence*, New York: Whitty House, McGraw-Hill, 1934=1973.（斎藤真・有賀弘訳『政治権力（上）（下）──その構造と技術』東京大学出版会）

(45) Nimmo Dann, "Political Communication Theory and Research: An Overview", In B. D. Ruben(Ed.), *Commuication, Yearbook*, 1, 1997, pp. 441-452, NewBrunswick, NJ: Transaction.
(46) Rothman Rothan, "Political Symbolism", in Samuel Long(eds.), *The Handbook of Political Behavior, vol. 2*. Plenum Press, 1981, pp. 285-341.
(47) Sacks H., "An Initial Investigation of the usability of Conversational Data for Doing Sociology", in D. Sudnow(ed.), *Studies in Social Interaction*, The Free Press, 1972=1989, pp. 31-73.（北澤裕・西阪仰訳「会話データの利用法 ── 会話分析事始め」、G.サーサス・H. ガーフィンケル・H.サックス・E. シェグロフ『日常性の解剖学 ── 知と会話』マルジュ社、pp. 93-173）
(48) 雑賀忠弘「『マンガ』を描くことと『マンガ家』── 職業としての『マンガ家』像をめぐって」、茨木正治（編）『マンガジャンル・スタディーズ』臨川書店所収、2013、pp. 192-219.
(49) 高畠通敏『政治学の道案内』講談社学術文庫、2012.
(50) 高瀬淳一「現代政治学の発展における政治的象徴理論の存在と意義 (2) ── 政治的象徴の分析から政治の象徴理論的分析へ」、『早稲田政治公法研究』22、1987、1-34.
(51) 田中辰雄・山口真一『ネット炎上の研究 ── 誰があおり、どう対処するのか』勁草書房、2016.
(52) 渡辺守男「現代アメリカ政治学の一潮流 ── M. エーデルマンの象徴政治学批判を中心として」、『思想』824、1993、119-127.

おわりに

　本書は専門領域を異にする執筆者による「極化」現象と報道倫理に関する論集である。専門領域は違えど、メディアと報道のあり方をいまこそ問い直さなくてはならないという思いは執筆者一同共有している。そして、この思いに通底するものは、ヘイトスピーチや嫌韓報道など、私たちの「隣人」を、感情的・扇情的な言葉で否定する活動に対する憤りである。中国や韓国という「国家」とそこで暮らす「人々」を私たちは同一視しがちである。しかし、それは個々の人々とその暮らしを捨象し、「中国人」・「韓国人」という枠にそれらの人々を押し込め、乱暴に理解する危険性があることは指摘されねばならない。ひょっとすると、メディアと報道の言説が私たちの「隣人」を乱暴に理解することに加担しているのかもしれない。客観報道を批判的に分析し、ヘイトスピーチからジャーナリズム倫理を再構築する試み、さらにそこから極化現象を分析する方向で本書が編まれている意図はここにある。もちろん、本書の成果はささやかなものである。本書の極化現象の分析は、新聞・週刊誌の報道にとどまっており、あらゆる人々が情報の発信者となるインターネットにおける極化現象の分析までは手が届かなかった。メディアと報道の言説が嫌韓報道やヘイトスピーチにどこまで作用しているかということは、今後の研究の進展を待たねばならない。しかし、中国や韓国に日本が抱く感情の特徴に重ねて新聞・週刊誌の報道分析を読みすすめることで、極化現象の特徴を概観することはできるはずである。

　執筆者が嫌韓報道やヘイトスピーチに対して抱く憤りは、感情的な憤りではなく倫理的な義憤と言えるかもしれない。執筆者たちはなにも「中国や韓国に好感を抱かなくてはならない」という価値観をおしつけるつもりはないし、「中国や韓国の主張を日本は全面的に受け入れなくてはならない」という政治的な主張をし

たいわけでもない。ただ、中国や韓国に住む人々、あるいは中国や韓国を始め日本に住む在日外国人の人々との生活を基盤とした対話の素地を形成することなく、煽情的な報道により「私たち」と「（在日）外国人」を分断してしまうことに執筆者は憤りを感じているのである。メディアと報道の役割は別にあるはずである。「客観的な報道」VS.「主観的な報道」という評価システムはこれからのメディアと報道に創造的な貢献をもたらすことはない。なぜなら、「客観的な報道」VS.「主観的な報道」という評価システムは、お互いの報道と言説スタイルを否定することに専心するあまり、「私たち」と「（在日）外国人」という分断そのものを見過ごしてしまうからである。ヘイト・スピーチを法的に規制することには効果があるが、「憎悪する側」と「非難する側」という溝は埋まらないままである。私たちと隣人の間に存在する分断や溝を埋める粘り強い対話の空間を日常の暮らしの中から創出することにこそ、メディアと報道の役割があると執筆者は考えている。そのためには、感情的・煽情的な言葉ではなく、私たち自身がみずからの生活や社会を見つめ直す言葉、そして隣人に届く言葉を私たちが紡いでいかなくてはならない。私たちが紡いだ言葉を伝えるメディアや報道はどのようなものであるべきなのか。私たちは新たな報道倫理の構築に取り組まなくてはならない。

　本書がメディアと報道のあり方について考えるきっかけになってくれれば、執筆者としては幸甚の至りである。

　　2018年9月

上村　崇

編著者紹介

上村　崇（うえむら・たかし）　　　　　　　　　　　　　　　［第 1 章・おわりに］
　学 歴　広島大学大学院 文学研究科 博士課程後期 倫理学専攻 修了
　　　　　博士（文学）
　所 属　福山平成大学 福祉健康学部 健康スポーツ科学科 教授
　著 書　「科学技術をよく考える［分担執筆］」名古屋大学出版会、「教育と倫理［分担執筆］」ナカニシヤ出版

塚本　晴二朗（つかもと・せいじろう）　　　　　　　　　　　［はじめに・第 3 章］
　学 歴　日本大学 大学院 法学研究科 博士後期課程 政治学専攻 単位取得満期退学
　　　　　博士（コミュニケーション学）
　所 属　日本大学 法学部 新聞学科 教授
　著 書　「出版メディア入門（第 2 版）［分担執筆］」日本評論社、「ジャーナリズム倫理学試論」南窓社、「現代のメディアとジャーナリズム 1 グローバル社会とメディア［分担執筆］」ミネルヴァ書房、「統治システムの理論と実際［分担執筆］」南窓社

栗山　雅俊（くりやま・まさとし）　　　　　　　　　　　　　　　　　　［第 2 章］
　学 歴　北海道大学 大学院 文学研究科 博士課程 単位取得退学
　所 属　NPO 法人 政策マネジメント研究所 研究員
　　　　　2017 年逝去
　著 書　「客観報道「批判」再考～偏向・極化問題を契機として～」北海道哲学会『哲学』63 号所収

笹田　佳宏（ささだ・よしひろ）　　　　　　　　　　　　　　　　　　［第 4 章］
　学 歴　日本大学 総合社会情報研究科 国際情報専攻 修士課程 修了
　　　　　国際情報専攻修士
　所 属　日本大学 法学部 新聞学科 准教授
　著 書　「放送の産業構造とその変容」学文社、「放送制度概論［分担執筆］」商事法務、「新版 概説マス・コミュニケーション［分担執筆］」学文社、「放送法を読みとく［分担執筆］」商事法務、「概説マス・コミュニケーション概論［分担執筆］」学文社

茨木　正治（いばらぎ・まさはる）　　　　　　　　　　　　　　　　　［第 5 章］
　学 歴　学習院大学 大学院 政治学研究科 博士後期課程 単位取得退学
　　　　　博士（政治学）
　所 属　東京情報大学 総合情報学部 教授
　著 書　「現代ジャーナリズム事典［共著］」三省堂、「マンガジャンル・スタディーズ［編著］」臨川書店、「メディアの中のマンガ」臨川書店

「極化」現象と報道の倫理学的研究

2018年10月30日　第1版1刷 発行　　　ISBN978-4-87085-231-0　C3036

編著者　上村崇，塚本晴二朗
著　者　栗山雅俊，笹田佳宏，茨木正治
　　　　© Uemura Takashi, Tsukamoto Seijiro,
　　　　　Kuriyama Masatoshi, Sasada Yoshihiro,
　　　　　Ibaragi Masaharu　2018

発行所　株式会社 印刷学会出版部
　　　　〒104-0032　東京都中央区八丁堀4-2-1
　　　　TEL03-3555-7911　FAX03-3555-7913
　　　　https://www.japanprinter.co.jp/
　　　　info@japanprinter.co.jp
　　　　　本書をお読みになった感想や，ご意見ご要望を
　　　　　eメールなどでお知らせ下さい。

印刷・製本　杜陵印刷株式会社

JCOPY〈（一社）出版者著作権管理機構 委託出版物〉
本書の全部または一部を無断で複写複製（コピーおよび電子化を含む）することは，著作権法上での例外を除いて禁じられています。本書からの複写を希望される場合は，そのつど事前に，（一社）出版者著作権管理機構の許諾を得てください。また，本書を代行業者等の第三者に依頼してスキャンやデジタル化をすることはたとえ個人や家庭内での利用であっても，いっさい認められておりません。
　［連絡先］TEL 03-3513-6969，FAX 03-3513-6979，E-mail : info@jcopy.or.jp

落丁・乱丁本はお取り替えいたします。　　　　　　　　　　　　Printed in Japan